本書の特色と使い方

とてもゆっくりていねいに、段階を追った読解学習ができます。

・一シートの問題量を少なくして、ゆったりとした紙面構成で、読み書きが苦手な子どもでも、ゆっくりていねいに段階を追って学習することができます。
・漢字が苦手な子どもでも学習意欲が減退しないように、問題文の全てをかな文字で記載しています。

児童の個別学習の指導にも最適です。

・文学作品や説明文の読解の個別指導にも最適です。
・読解問題を解くとき、本文を二回読むようにご指導ください。その後、問題文をよく読み、本文から答えを見つけます。

光村図書・東京書籍・教育出版国語教科書などから抜粋した物語・説明文教材、ことば・文法教材の問題などを掲載しています。

・教科書掲載教材を使用して、授業の進度に合わせて予習・復習ができます。
・三社の優れた教科書教材を掲載しています。ぜひご活用ください。

どの子も理解できるよう、長文は短く切って掲載しています。

・長い文章の読解問題の場合は、読みとりやすいように、問題文を二つなどに区切って、問題文と設問に1、2…と番号をつけ、短い文章から読みとれるよう配慮しました。
・読解のワークシートでは、設問の中で着目すべき言葉に傍線（サイドライン）を引いておきました。
・記述解答が必要な設問については、答えの一部をあらかじめ解答欄に記載しておきました。

学習意欲をはぐくむ工夫をしています。

・できるだけ解答欄を広々と書きやすいよう配慮しています。
・内容を理解するための説明イラストなども多数掲載しています。
・イラストは色塗りなども楽しめます。

※ワークシートの解答例について（お家の方や先生方へ）

本書の解答は、あくまでもひとつの「解答例」です。お子さまに取り組ませる前に、必ず指導される方が問題を解いてください。指導される方の作られた解答をもとに、お子さまの多様な考えに寄り添って〇つけをお願いします。

もっと　ゆっくり　ていねいに学べる

読解ワーク　基礎編

（光村図書・東京書籍・教育出版の教科書教材などより抜粋）

目次　5－②

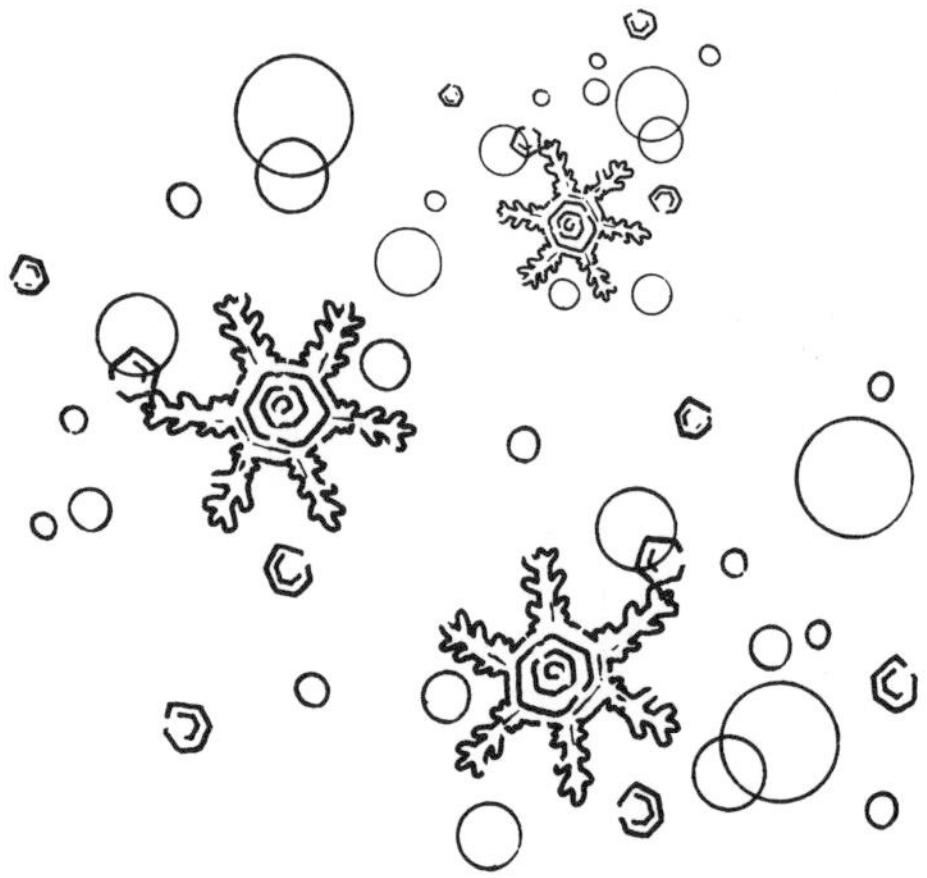

詩　物語　説明文　伝記　古典

言葉

固有種《こゆうしゅ》が教《おし》えてくれること　(1)

名前

● 次《つぎ》の文章《ぶんしょう》を二回《にかい》読《よ》んで、答《こた》えましょう。

ウサギといえば、耳《みみ》が長《なが》くて
ぴょんぴょんはねる、
鳴《な》かない動物《どうぶつ》――
そう考《かんが》える人《ひと》が
多《おお》いのではないでしょうか。
しかし、アマミノクロウサギと
いう種《しゅ》は㋐ちがいます。
耳《みみ》は
約《やく》五《ご》センチメートルと短《みじか》く、
ジャンプ力《りょく》は弱《よわ》く、
そのうえ
「ピシー」という
高《たか》い声《こえ》で鳴《な》くのです。
このウサギは、
日本《にほん》だけに㋑生息《せいそく》しています。
このような、㋒特定《とくてい》の国《くに》や
ちいきにしかいない動植物《どうしょくぶつ》の
ことを「固有種《こゆうしゅ》」といいます。

（令和二年度版　光村図書　国語　五　銀河　今泉《いまいずみ》　忠明《ただあき》）

(1) ウサギといえば、耳《みみ》が長《なが》くてぴょんぴょんはねる、鳴《な》かない動物《どうぶつ》と考《かんが》える人《ひと》が多《おお》いですが、アマミノクロウサギは、どこが㋐ちがいますか。文中《ぶんちゅう》の言葉《ことば》で三《みっ》つ書《か》きましょう。

① 耳《みみ》は［　　］

② ジャンプ力《りょく》は［　　］

③ ［　　　］で鳴《な》くのです。

(2) アマミノクロウサギは、どこに㋑生息《せいそく》していますか。一《ひと》つに○をつけましょう。

（　）世界中《せかいじゅう》どこにでも
（　）日本《にほん》にだけ
（　）アメリカにだけ

(3) ㋒特定《とくてい》の国《くに》やちいきにしかいない動植物《どうしょくぶつ》のことを、何《なん》といいますか。

［　　　］

固有種《こゆうしゅ》が教《おし》えてくれること (2)

名前

● 次《つぎ》の文章《ぶんしょう》を二回《にかい》読《よ》んで、答《こた》えましょう。

固有種《こゆうしゅ》には、古《ふる》い時代《じだい》から
生《い》き続《つづ》けている㋐種《しゅ》が
多《おお》くいます。
アマミノクロウサギも、
およそ三百万年《さんびゃくまんねん》以上前《いじょうまえ》から
ほぼそのままのすがたで
生《い》きてきたとされる、
㋑めずらしいウサギです。
このウサギと比《くら》べることで、
「耳《みみ》が長《なが》い」
「ぴょんぴょんはねる」
「鳴《な》かない」という
ふつうのウサギの特徴《とくちょう》が、
長《なが》い進化《しんか》の過程《かてい》で
㋒手《て》に入《い》れられたものなのだと
いうことが分《わ》かります。

（令和二年度版　光村図書　国語　五　銀河　今泉《いまいずみ》　忠明《ただあき》）

(1) 固有種《こゆうしゅ》には、どんな㋐種《しゅ》が多《おお》くいますか。

〔　□□□□　から　生《い》き続《つづ》けている種《しゅ》が多《おお》くいます。〕

(2) ㋑めずらしいウサギの名前《なまえ》を、九文字《きゅうもじ》で書《か》きましょう。

□□□□□□□□□

(3) めずらしいウサギと比《くら》べることで、ふつうのウサギの特徴《とくちょう》が、どのように㋒手《て》に入《い》れられたものなのだということが分《わ》かりますか。一《ひと》つに○をつけましょう。

（　）三百万年《さんびゃくまんねん》以上《いじょう》かけて
（　）あるとき、きゅうに
（　）長《なが》い進化《しんか》の過程《かてい》で

固有種《こゆうしゅ》が教《おし》えてくれること (3)

名前

● 次《つぎ》の文章《ぶんしょう》を二回《にかい》読《よ》んで、答《こた》えましょう。

1

固有種《こゆうしゅ》と他《ほか》の種《しゅ》とを比《くら》べることは、生物《せいぶつ》の進化《しんか》の研究《けんきゅう》にとても役立《やくだ》つのです。

2

日本《にほん》には、固有種《こゆうしゅ》がたくさん生息《せいそく》するゆたかな環境《かんきょう》が㋐あります。㋑わたしは、この固有種《こゆうしゅ》たちがすむ日本《にほん》の環境《かんきょう》を、できるだけ残《のこ》していきたいと考《かんが》えています。

(令和二年度版　光村図書　国語　五　銀河　今泉《いまいずみ》　忠明《ただあき》)

1

(1) 固有種《こゆうしゅ》と他《ほか》の種《しゅ》とを比《くら》べることは、何《なに》に役立《やくだ》ちますか。

[　][　] の進化《しんか》の

[　][　] に役立《やくだ》つのです。

2

(1) 日本《にほん》には何《なに》が ㋐ありますか。

固有種《こゆうしゅ》がたくさん生息《せいそく》する

[　][　][　][　] 環境《かんきょう》

(2) ㋑わたしは、日本《にほん》の環境《かんきょう》をどうしていきたいと考《かんが》えていますか。○をつけましょう。

(　)できるだけ残《のこ》していきたい。

(　)できるだけ変《か》えていきたい。

固有種《こゆうしゅ》が教《おし》えてくれること (4)

名前

● 次《つぎ》の文章《ぶんしょう》を二回《にかい》読《よ》んで、答《こた》えましょう。

日本《にほん》に固有種《こゆうしゅ》が多《おお》いことは、同《おな》じように大陸《たいりく》に近《ちか》いところにある島国《しまぐに》イギリスと比《くら》べるとよく分《わ》かります。㋐ユーラシア大陸《たいりく》をはさんで東《ひがし》に日本列島《にほんれっとう》、西《にし》にイギリス諸島《しょとう》があります。それぞれの国《くに》の陸地《りくち》にすむ陸生《りくせい》ほ乳類《にゅうるい》の種《しゅ》の数《かず》を㋑比《くら》べてみましょう。

日本《にほん》には、アマミノクロウサギをはじめ、百七種《ひゃくななしゅ》がいて、そのうち半数《はんすう》近《ちか》くの四十八種《よんじゅうはっしゅ》が固有種《こゆうしゅ》です。一方《いっぽう》のイギリスには、ハリネズミ、ヨーロッパヤマネコなど四十二種《よんじゅうにしゅ》がいますが、固有種《こゆうしゅ》はゼロ。イギリスにすんでいるほ乳類《にゅうるい》は、全《すべ》て対岸《たいがん》のユーラシア大陸《たいりく》と同《おな》じ種《しゅ》なのです。

（令和二年度版　光村図書　国語　五　銀河　今泉《いまいずみ》　忠明《ただあき》）

(1) ㋐ユーラシア大陸《たいりく》をはさんで東《ひがし》と西《にし》に何《なに》がありますか。

ユーラシア大陸《たいりく》をはさんで
東《ひがし》に［　　　　］
西《にし》に［　　　　］
諸島《しょとう》があります。

(2) それぞれの国《くに》の、何《なに》を㋑比《くら》べてみたのですか。

陸生《りくせい》［　　　］の［　　　］の数《かず》。

(3) 次《つぎ》の文《ぶん》で、日本《にほん》について書《か》いてある文《ぶん》には（日）、イギリスについて書《か》いてある文《ぶん》には（イ）を、（　）に書《か》きましょう。

（　）アマミノクロウサギがいる。
（　）ヨーロッパヤマネコがいる。
（　）固有種《こゆうしゅ》はゼロ。
（　）固有種《こゆうしゅ》は四十八種《よんじゅうはっしゅ》。

固有種《こゆうしゅ》が教《おし》えてくれること　(5)

名前

● 次《つぎ》の文章《ぶんしょう》を二回《にかい》読《よ》んで、答《こた》えましょう。

日本《にほん》に固有種《こゆうしゅ》が多《おお》いわけは、日本列島《にほんれっとう》の成《な》り立《た》ちに関係《かんけい》があります。日本列島《にほんれっとう》は、㋐はるか昔《むかし》、大陸《たいりく》と陸続《りくつづ》きでした。このとき、多《おお》くの動物《どうぶつ》が、大陸《たいりく》から㋑わたってきたとされています。

その後《ご》、日本列島《にほんれっとう》は、長《なが》い年月《ねんげつ》をかけて大陸《たいりく》から切《き》りはなされていきます。野生生物《やせいせいぶつ》の分布《ぶんぷ》をもとにすると、日本列島《にほんれっとう》は北《きた》から北海道《ほっかいどう》、本土《ほんど》（本州《ほんしゅう》・四国《しこく》・九州《きゅうしゅう》）、南西諸島《なんせいしょとう》の㋒三《みっ》つのちいきに分《わ》けられますが、それは、大陸《たいりく》から切《き》りはなされて島《しま》になった時期《じき》が、それぞれのちいきでことなるためです。

（令和二年度版　光村図書　国語　五　銀河　今泉《いまいずみ》　忠明《ただあき》）

(1) 日本列島《にほんれっとう》は、㋐はるか昔《むかし》はどうなっていましたか。

□□と□□□でした。

(2) 多《おお》くの動物《どうぶつ》が、どこから、どこへ、㋑わたってきたのですか。

・どこから

□□から

・どこへ

□□□□へわたってきたとされています。

(3) 日本列島《にほんれっとう》の㋒三《みっ》つのちいきとは、どこですか。□に書《か》きましょう。

①

②

③

論語《ろんご》

名前

論語《ろんご》を二回《にかい》読《よ》んで、答《こた》えましょう。

1

論語《ろんご》

〈もとの文《ぶん》〉

子《し》曰《い》は《(わ)》く、
「己《おのれ》の欲《ほっ》せざる所《ところ》は、
人《ひと》に施《ほどこ》すこと勿《な》かれ。」と。

〈現代語訳《げんだいごやく》〉

孔子《こうし》は言《い》った。
「自分《じぶん》が人《ひと》からされたくないと
思《おも》うことを、
他人《たにん》に対《たい》してしてはならない。」と。

2

〈もとの文《ぶん》〉

子《し》曰《い》は《(わ)》く、
「過《あやま》ちて改《あらた》めざる、
是《これ》を過《あやま》ちと謂《い》ふ《(う)》。」と。

〈現代語訳《げんだいごやく》〉

孔子《こうし》は言《い》った。
「人《ひと》はだれでも過《あやま》ちが
あるものだが、
過《あやま》ちをおかしてそれを
改《あらた》めないのが、
本当《ほんとう》の過《あやま》ちというものだ。」と。

（令和二年度版　光村図書　国語　五　銀河「古典の世界（二）」による）

(1) 論語《ろんご》の1の〈もとの文《ぶん》〉の言葉《ことば》に、あてはまる現代語訳《げんだいごやく》を下《した》から選《えら》び——線《せん》で結《むす》びましょう。

① 子《し》曰《い》は《(わ)》く　・　　・されたくないと思《おも》うこと

② 欲《ほっ》せざる所《ところ》　・　　・してはならない

③ 施《ほどこ》すこと勿《な》かれ　・　　・孔子《こうし》は言《い》った

(2) 2で書《か》かれていることをかんたんに表《あらわ》すと、どんな文《ぶん》になりますか。正《ただ》しい方《ほう》に○をつけましょう。

（　）まちがったことをしても、それを改《あらた》めないのがよい。

（　）まちがったことをしたら、それを改《あらた》めるのがよい。

春暁《しゅんぎょう》

名前

● 春暁《しゅんぎょう》の〈もとの文《ぶん》〉と〈現代語訳《げんだいごやく》〉を二回《にかい》読《よ》んで、答《こた》えましょう。

春暁《しゅんぎょう》

猛《もう》 浩然《こうねん》

〈もとの文《ぶん》〉

①春眠《しゅんみん》 ②暁《あかつき》を覚《おぼ》えず
③処処《しょしょ》 ④啼鳥《ていちょう》を聞《き》く
夜来《やらい》 風雨《ふうう》の声《こえ》
㋐花落《はなお》つること 知《し》る多少《たしょう》

〈現代語訳《げんだいごやく》〉

春《はる》の眠《ねむ》りは気持《きも》ちがよくて、
朝《あさ》になったのも気《き》づかなかった。
あちこちで鳥《とり》の鳴《な》く声《こえ》が
聞《き》こえてくる。
昨日《きのう》の夜《よる》は雨《あめ》や風《かぜ》の音《おと》が
していたが、
花《はな》はどのくらい
散《ち》ってしまっただろうか。

（令和二年度版　光村図書　国語　五　銀河「古典の世界（二）」による）

(1) 春暁《しゅんぎょう》の〈もとの文《ぶん》〉の中《なか》の言葉《ことば》と、それにあてはまる現代語訳《げんだいごやく》の言葉《ことば》を——線《せん》で結《むす》びましょう。

① 春眠《しゅんみん》 ・　　　・朝《あさ》になった
② 暁《あかつき》 ・　　　・春《はる》の眠《ねむ》り
③ 処処《しょしょ》 ・　　　・鳥《とり》の鳴《な》く声《こえ》
④ 啼鳥《ていちょう》 ・　　　・あちこちで

(2) ㋐花落《はなお》つること　知《し》る多少《たしょう》の意味《いみ》を〈現代語訳《げんだいごやく》〉を読《よ》んで書《か》きましょう。

※「春暁」の教材は、令和二年度版　教育出版　ひろがる言葉　五上　にも掲載されています。

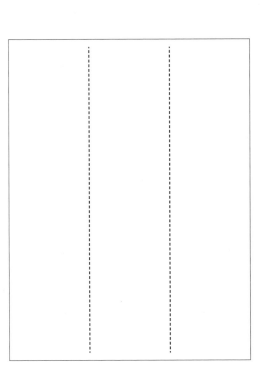

大造《だいぞう》じいさんとガン（１）

名前

● 次《つぎ》の文章《ぶんしょう》を二回《にかい》読《よ》んで、答《こた》えましょう。

1

３

㋐今年《ことし》もまた、ぼつぼつ、例《れい》のぬま地《ち》にガンの㋑来《く》る季節《きせつ》になりました。

2

大造《だいぞう》じいさんは、生《い》きたドジョウを入《い》れた㋒どんぶりを持《も》って、鳥小屋《とりごや》の方《ほう》に行《い》きました。㋓じいさんが小屋《こや》に入《はい》ると、一羽《いちわ》のガンが、羽《はね》をばたつかせながら、じいさんに飛《と》び付《つ》いてきました。

（令和二年度版　光村図書　国語　五　銀河　椋《むく》　鳩十《はとじゅう》）

1

（１）㋐今年《ことし》もまたという言葉《ことば》から、分《わ》かることに○をつけましょう。

（　）ガンは、前《まえ》の年《とし》にも来《き》ていた。

（　）ガンは、今《いま》まで一度《いちど》も来《き》たことがない。

（２）ぬま地《ち》に、何《なに》が㋑来《く》る季節《きせつ》になりましたか。

□□

2

（１）じいさんは、何《なに》を入《い》れた㋒どんぶりを持《も》って鳥小屋《とりごや》の方《ほう》に行《い》きましたか。

〔生《い》きた□□□□。〕

（２）㋓じいさんが鳥小屋《とりごや》に入《はい》ると、一羽《いちわ》のガンはどうしましたか。○をつけましょう。

（　）羽《はね》をばたつかせながら、じいさんからにげまわった。

（　）羽《はね》をばたつかせながら、じいさんに飛《と》び付《つ》いてきた。

※「大造じいさんとガン」の教材は、令和二年度版　東京書籍　新しい国語　五
教育出版　ひろがる言葉　五上　にも掲載されています。

大造《だいぞう》じいさんとガン (2)

名前

● 次《つぎ》の文章《ぶんしょう》を二回《にかい》読《よ》んで、答《こた》えましょう。

じいさんは、いつもガンがえさを食《た》べるあたり一面《いちめん》に、えさのたにしをつけたつりばりをしかけて、生《い》きているガンを一羽《いちわ》、手《て》に入《い》れました。

1

このガンは、二年前《にねんまえ》、じいさんがつりばりの計略《けいりゃく》で㋐生《い》けどったものだったのです。

今《いま》では、すっかりじいさんに㋑なついていました。

※なつく…なれて、仲良《なかよ》くなる

2

ときどき、鳥小屋《とりごや》から運動《うんどう》のために外《そと》に㋒出《だ》してやるが、ヒュー、ヒュー、ヒューと㋓口笛《くちぶえ》をふけば、どこにいてもじいさんのところに帰《かえ》ってきて、そのかた先《さき》に止《と》まるほどになれていました。

（令和二年度版　光村図書　国語　五　銀河　椋《むく》　鳩十《はとじゅう》）

1

(1) ㋐生《い》けどったの意味《いみ》を表《あらわ》す文《ぶん》に、○をつけましょう。

（　）ガンをかっている人《ひと》からもらってきた。

（　）生《い》きたままでつかまえた。

(2) このガンは、今《いま》ではすっかり、だれに㋑なついていますか。

□□□□

2

(1) ときどき、鳥小屋《とりごや》から何《なん》のために㋒出《だ》してやるのですか。

［　　］のため。

(2) このガンはじいさんが㋓口笛《くちぶえ》をふくと、何《なに》をしますか。二《ふた》つに○をつけましょう。

（　）鳥小屋《とりごや》から出《で》て運動《うんどう》する。

（　）どこにいても、じいさんのところに帰《かえ》ってくる。

（　）じいさんのかた先《さき》に止《と》まる。

※「大造じいさんとガン」の教材は、令和二年度版　東京書籍　新しい国語　五　教育出版　ひろがる言葉　五上　にも掲載されています。

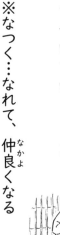

大造《だいぞう》じいさんとガン (3)

名前

● 次《つぎ》の文章《ぶんしょう》を二回《にかい》読《よ》んで、答《こた》えましょう。

じいさんは、二年前《にねんまえ》につりばりの計略《けいりゃく》で生《い》けどった一羽《いちわ》のガンを、飼《か》いならしていました。

大造《だいぞう》じいさんは、ガンがどんぶりからえ《えさ》を食《た》べているのを、㋐じっと見《み》つめながら、

㋜「今年《ことし》はひとつ、㋑これを使《つか》ってみるかな。」

と、㋒独《ひと》り言《ごと》を言《い》いました。

（令和二年度版　光村図書　国語　五　銀河　椋《むく》　鳩十《はとじゅう》）

(1) ㋐じっと見《み》つめとは、どんな様子《ようす》ですか。一《ひと》つに○をつけましょう。

（　）遠《とお》くの方《ほう》をぼんやりながめる。

（　）目《め》をはなさずにしっかり見《み》る。

（　）目《め》をそらしてこっそり見《み》る。

(2) ㋜は、だれが言《い》った言葉《ことば》ですか。

[　　　　　　　　]

(3) ㋑これとは、何《なん》のことですか。○をつけましょう。

（　）じいさんが飼《か》いならしたガン。

（　）どんぶりに入《い》れたえさ。

(4) ㋒独《ひと》り言《ごと》とは、どういう意味《いみ》ですか。○をつけましょう。

（　）聞《き》く相手《あいて》はいないけれど、一人《ひとり》で声《こえ》を出《だ》して言《い》うこと。

（　）聞《き》く相手《あいて》がいないので、声《こえ》は出《だ》さずに頭《あたま》の中《なか》で考《かんが》えること。

※「大造じいさんとガン」の教材は、令和二年度版　東京書籍　新しい国語　五
教育出版　ひろがる言葉　五上　にも掲載されています。

大造《だいぞう》じいさんとガン (4)

名前

● 次《つぎ》の文章《ぶんしょう》を二回《にかい》読《よ》んで、答《こた》えましょう。

1

じいさんは、長年《ながねん》の経験《けいけん》で、ガンは、いちばん最初《さいしょ》に飛《と》び立《た》ったものの後《あと》についていて飛《と》ぶ、ということを㋐知《し》っていたので、このガンを手《て》に入《い》れたときから、ひとつ、これをおとりに使《つか》って、残雪《ざんせつ》の仲間《なかま》を㋑とらえてやろうと、考《かんが》えていたのでした。

※このガン…大造《だいぞう》じいさんが生《い》けどって飼《か》いならしたガン

※おとり…ほかの鳥《とり》をさそいよせるために使《つか》う、同《おな》じ仲間《なかま》の鳥《とり》

2

さて、いよいよ㋒残雪《ざんせつ》の一群《いちぐん》が今年《ことし》もやって来《き》たと聞《き》いて、大造《だいぞう》じいさんは、ぬま地《ち》へ出《で》かけていきました。

※一群《いちぐん》…一《ひと》つの群《む》れ

（令和二年度版　光村図書　国語　五　銀河　椋《むく》　鳩十《はとじゅう》）

1

(1) じいさんは、何《なに》を㋐知《し》っていたのですか。

ガンは、いちばん □□ に □□□□□ ものの後《あと》について飛《と》ぶ、ということ。

(2) 何《なに》を㋑とらえてやろうと思《おも》ったのですか。

□□ の仲間《なかま》。

2

(1) ㋒残雪《ざんせつ》の一群《いちぐん》とは、だれのことですか。一《ひと》つに○をつけましょう。

（　）残雪《ざんせつ》一羽《いちわ》だけ。

（　）残雪《ざんせつ》とその仲間《なかま》たち。

（　）「残雪《ざんせつ》」と「おとりのガン」の二羽《にわ》。

※「大造じいさんとガン」の教材は、令和二年度版　東京書籍　新しい国語　五　教育出版　ひろがる言葉　五上　にも掲載されています。

大造《だいぞう》じいさんとガン (5)

名前

● 次《つぎ》の文章《ぶんしょう》を二回読《にかいよ》んで、答《こた》えましょう。

1

ガンたちは、昨年《さくねん》じいさんが小屋《こや》がけした所《ところ》から、たまのとどくきょりの三倍《さんばい》もはなれている地点《ちてん》を、㋐えさ場《ば》にしているようでした。㋑そこは、夏《なつ》の出水《しゅっすい》で大《おお》きな水《みず》たまりができて、ガンのえ（えさ）が十分《じゅうぶん》にあるらしかったのです。

2

㋐「うまくいくぞ。」

大造《だいぞう》じいさんは、青《あお》くすんだ空《そら》を見上《みあ》げながら、にっこりとしました。

その夜《よる》のうちに、飼《か》いならしたガンを例《れい》のえさ場《ば》に放《はな》ち、昨年建《さくねんた》てた小屋《こや》の中《なか》にもぐりこんで、㋒ガンの群《む》れを待《ま》つことにしました。

（令和二年度版　光村図書　国語　五　銀河　椋《むく》　鳩十《はとじゅう》）

1

(1) ガンたちは、昨年《さくねん》じいさんが小屋《こや》がけしたところから、どれくらいはなれた地点《ちてん》を㋐えさ場《ば》にしているのですか。

［　　］のとどくきょりの［　］倍《ばい》もはなれている地点《ちてん》。

(2) ㋑そこには、何《なに》が十分《じゅうぶん》にあるらしいのですか。

［　　　　］が十分《じゅうぶん》にあるらしかったのです。

2

(1) ㋐は、だれが言《い》った言葉《ことば》ですか。

［　　　　］

(2) 大造《だいぞう》じいさんは、どこで㋒ガンの群《む》れを待《ま》つことにしましたか。○をつけましょう。

（　）昨年建《さくねんた》てた小屋《こや》の中《なか》。

（　）例《れい》のえさ場《ば》。

※「大造じいさんとガン」の教材は、令和二年度版　東京書籍　新しい国語　五
教育出版　ひろがる言葉　五上　にも掲載されています。

大造《だいぞう》じいさんとガン　(6)

名前

● 次《つぎ》の文章《ぶんしょう》を二回《にかい》読《よ》んで、答《こた》えましょう。

1

「さあ、いよいよ戦闘開始《せんとうかいし》だ。」
㋐東《ひがし》の空《そら》が真《ま》っ赤《か》に燃《も》えて、
朝《あさ》が来《き》ました。
残雪《ざんせつ》は、㋑いつものように
群《む》れの先頭《せんとう》に立《た》って、
美《うつく》しい朝《あさ》の空《そら》を、真一文字《まいちもんじ》に
横切《よこぎ》ってやって来《き》ました。

2

やがて、えさ場《ば》に下《お》りると、
㋒グワア、グワアという
やかましい声《こえ》で鳴《な》き始《はじ》めました。
大造《だいぞう》じいさんのむねは、
わくわくしてきました。
しばらく㋓目《め》をつぶって、
心《こころ》の落《お》ち着《つ》くのを
待《ま》ちました。そして、
冷《ひ》え冷《び》えするじゅうしんを
ぎゅっとにぎりしめました。

（令和二年度版　光村図書　国語　五　銀河　椋《むく》　鳩十《はとじゅう》）

1

(1) 朝《あさ》が来《き》たときの、㋐東《ひがし》の空《そら》の様子《ようす》を書《か》きましょう。

「東《ひがし》の空《そら》が □□□ に
□□□、朝《あさ》が来《き》ました。」

(2) 残雪《ざんせつ》は、㋑いつものように群《む》れの、どこに立《た》ってやって来《き》ましたか。

「群《む》れの □□ に立《た》って、
やって来《き》ました。」

2

(1) ㋒グワア、グワアというやかましい声《こえ》で鳴《な》き始《はじ》めたのは、だれですか。

□□

(2) 大造《だいぞう》じいさんは、㋓目《め》をつぶっていたのはなぜですか。一《ひと》つに○をつけましょう。

（　）冷《ひ》えてとても寒《さむ》かったから。
（　）むねがわくわくしてきたので心《こころ》を落《お》ち着《つ》かせるため。

※「大造じいさんとガン」の教材は、令和二年度版　東京書籍　新しい国語　五
教育出版　ひろがる言葉　五上　にも掲載されています。

大造《だいぞう》じいさんとガン (7)

名前

● 次《つぎ》の文章《ぶんしょう》を二回《にかい》読《よ》んで、答《こた》えましょう。

1

じいさんは目《め》を開《ひら》きました。

「さあ、今日《きょう》こそ、あの残雪《ざんせつ》めに㋐ひとあわふかせてやるぞ。」

くちびるを二《に》、三回《さんかい》静《しず》かにぬらしました。そして、あのおとりを飛《と》び立《た》たせるために口笛《くちぶえ》をふこうと、くちびるをとんがらせました。と、㋑そのとき、ものすごい羽音《はおと》とともに、ガンの群《む》れが一度《いちど》にバタバタと飛《と》び立《た》ちました。

2

「どうしたことだ。」

じいさんは、小屋《こや》の外《そと》にはい出《だ》してみました。

ガンの群《む》れを目《め》がけて、白《しろ》い雲《くも》の辺《あた》りから、何《なに》か㋒一直線《いっちょくせん》に落《お》ちてきました。

「ハヤブサだ。」

ガンの群《む》れは、残雪《ざんせつ》に導《みちび》かれて、㋓実《じつ》にすばやい動作《どうさ》で、ハヤブサの目《め》をくらましながら飛《と》び去《さ》っていきます。

（令和二年度版　光村図書　国語　五　銀河　椋《むく》　鳩十《はとじゅう》）

1

(1) だれが、だれに、㋐ひとあわふかせてやるのですか。

・だれが
［　　　］が
・だれに
［　　　］に
ひとあわふかせてやるぞ。

(2) ㋑そのときとは、いつですか。一《ひと》つに○をつけましょう。

（　）じいさんが、目《め》を開《ひら》いたとき。

（　）じいさんが、口笛《くちぶえ》をふこうとくちびるをとんがらせたとき。

（　）じいさんが、くちびるを静《しず》かにぬらしたとき。

2

(1) ㋒一直線《いっちょくせん》に落《お》ちてきたのは、何《なん》ですか。○をつけましょう。

（　）ハヤブサ　（　）残雪《ざんせつ》

(2) 残雪《ざんせつ》に導《みちび》かれて、㋓すばやい動作《どうさ》をしたのは、だれですか。

□□□□□

※「大造じいさんとガン」の教材は、令和二年度版　東京書籍　新しい国語　五　教育出版　ひろがる言葉　五上　にも掲載されています。

大造《だいぞう》じいさんとガン　(8)

名前

● 次《つぎ》の文章《ぶんしょう》を二回《にかい》読《よ》んで、答《こた》えましょう。

1

「あっ。」

一羽《いちわ》、㋐飛《と》びおくれたのがいます。

大造《だいぞう》じいさんのおとりのガンです。長《なが》い間飼《あいだか》いならされていたので、野鳥《やちょう》としての本能《ほんのう》がにぶっていたのでした。

2

ハヤブサは、その一羽《いちわ》を見《み》のがしませんでした。

じいさんは、ピュ、ピュ、ピュと①口笛《くちぶえ》をふきました。

こんな命《いのち》がけの場合《ばあい》でも、飼《か》い主《ぬし》のよび声《ごえ》を聞《き》き分《わ》けたとみえて、ガンは、こっちに②方向《ほうこう》を変《か》えました。

ハヤブサは、その道《みち》をさえぎって、パーンと③一《ひと》けりけりました。

ぱっと、白《しろ》い羽毛《うもう》が㋑あかつきの空《そら》に光《ひか》って散《ち》りました。ガンの体《からだ》はななめにかたむきました。

（令和二年度版　光村図書　国語　五　銀河　椋《むく》　鳩十《はとじゅう》）

1

(1) ㋐飛《と》びおくれたのは、だれですか。○をつけましょう。

（　）残雪《ざんせつ》
（　）大造《だいぞう》じいさんのおとりのガン

(2) ㋐飛《と》びおくれたのは、なぜですか。□に言葉《ことば》を書《か》きましょう。

長《なが》い間飼《あいだか》いならされていたので、
□□としての
□□がにぶっていたから。

2

(1) 次《つぎ》の①②③のことをしたのは、だれですか。下《した》から選《えら》び――線《せん》で結《むす》びましょう。

① 口笛《くちぶえ》をふきました。　・　　・おとりのガン
② 方向《ほうこう》を変《か》えました。　・　　・ハヤブサ
③ 一《ひと》けりけりました。　・　　・じいさん

(2) ㋑あかつきの空《そら》に光《ひか》って散《ち》ったのは、何《なん》ですか。

※「大造じいさんとガン」の教材は、令和二年度版　東京書籍　新しい国語　五上　にも掲載されています。

大造《だいぞう》じいさんとガン　(9)

名前

● 次《つぎ》の文章《ぶんしょう》を二回《にかい》読《よ》んで、答《こた》えましょう。

1

もう一《ひと》けりと、ハヤブサが
㋐こうげきの姿勢《しせい》をとったとき、
さっと、㋑大《おお》きなかげが
空《そら》を横切《よこぎ》りました。
残雪《ざんせつ》です。

2

大造《だいぞう》じいさんは、
ぐっとじゅうを
かたに当《あ》て、
㋒残雪《ざんせつ》を
ねらいました。
㋓が、なんと思《おも》ったか、
再《ふたた》びじゅうを
下《お》ろしてしまいました。

（令和二年度版　光村図書　国語　五　銀河　椋《むく》　鳩十《はとじゅう》）

1

(1) もう一《ひと》けりと、だれが㋐こうげきの姿勢《しせい》をとりましたか。

(2) 空《そら》を横切《よこぎ》った㋑大《おお》きなかげは、だれですか。

2

(1) だれが残雪《ざんせつ》を㋒ねらいましたか。一《ひと》つに○をつけましょう。

（　）ハヤブサ
（　）大《おお》きなかげ
（　）大造《だいぞう》じいさん

(2) ㋓が、をほかの言葉《ことば》におきかえるとしたら、どの言葉《ことば》がよいですか。一《ひと》つに○をつけましょう。

（　）それから
（　）ところが
（　）そのうえ

※「大造じいさんとガン」の教材は、令和二年度版　東京書籍　新しい国語　五　教育出版　ひろがる言葉　五上　にも掲載されています。

大造《だいぞう》じいさんとガン　(10)

名前

● 次《つぎ》の文章《ぶんしょう》を二回《にかい》読《よ》んで、答《こた》えましょう。

1

㋐残雪《ざんせつ》の目《め》には、
人間《にんげん》もハヤブサも
ありませんでした。
ただ、救《すく》わねばならぬ
仲間《なかま》のすがたが
㋑あるだけでした。

2

いきなり、㋒てきに
ぶつかっていきました。
そして、あの大《おお》きな羽《はね》で、
力《ちから》いっぱい相手《あいて》を
㋓なぐりつけました。

（令和二年度版　光村図書　国語　五　銀河　椋《むく》　鳩十《はとじゅう》）

1

(1) ㋐残雪《ざんせつ》の目《め》には、人間《にんげん》もハヤブサもありませんでした。とありますが、意味《いみ》の正《ただ》しい方《ほう》に○をつけましょう。

（　）残雪《ざんせつ》は、人間《にんげん》やハヤブサをしっかり見《み》ていました。

（　）残雪《ざんせつ》は、人間《にんげん》もハヤブサも気《き》に留《と》めませんでした。

(2) 残雪《ざんせつ》の目《め》には、何《なに》が㋑あるだけでしたか。□にあてはまる言葉《ことば》を書《か》きましょう。

ただ、□□□□ならぬ
□□のすがたが
あるだけでした。

2

(1) いきなり、㋒てきにぶつかっていったのは、だれですか。○をつけましょう。

（　）ハヤブサ

（　）残雪《ざんせつ》

(2) 残雪《ざんせつ》は、何《なに》で力《ちから》いっぱい相手《あいて》を㋓なぐりつけましたか。

あの□□□□

※「大造じいさんとガン」の教材は、令和二年度版　東京書籍　新しい国語　五　教育出版　ひろがる言葉　五上　にも掲載されています。

大造《だいぞう》じいさんとガン　(11)

名前

● 次《つぎ》の文章《ぶんしょう》を二回《にかい》読《よ》んで、答《こた》えましょう。

1

不意《ふい》を打《う》たれて、さすがのハヤブサも、空中《くうちゅう》で㋐ふらふらとよろめきました。が、ハヤブサも、さるものです。さっと体勢《たいせい》を整《ととの》えると、残雪《ざんせつ》のむな元《もと》に飛《と》びこみました。

㋑ぱっ

ぱっ

羽《はね》が、白《しろ》い花弁《かべん》のように、すんだ空《そら》に飛《と》び散《ち》りました。

2

そのまま、ハヤブサと残雪《ざんせつ》は、もつれ合《あ》って、ぬま地《ち》に㋒落《お》ちていきました。

大造《だいぞう》じいさんはかけつけました。

二羽《にわ》の鳥《とり》は、なおも地上《ちじょう》ではげしく戦《たたか》っていました。が、ハヤブサは、㋓人間《にんげん》のすがたをみとめると、急《きゅう》に戦《たたか》いをやめて、よろめきながら飛《と》び去《さ》っていきました。

（令和二年度版　光村図書　国語　五　銀河　椋《むく》　鳩十《はとじゅう》）

1

(1) ㋐ふらふらとよろめいたのは、だれですか。

［　　　　］

(2) ㋑ぱっ　ぱっ　羽《はね》が、白《しろ》い花弁《かべん》のように、すんだ空《そら》に飛《と》び散《ち》りました。とは、どんな様子《ようす》を表《あらわ》していますか。○をつけましょう。

（　）残雪《ざんせつ》がよろめいた様子《ようす》。

（　）残雪《ざんせつ》とハヤブサが羽《はね》を広《ひろ》げてはげしく戦《たたか》っている様子《ようす》。

2

(1) ハヤブサと残雪《ざんせつ》は、もつれ合《あ》ってどこへ㋒落《お》ちていきましたか。

［　　　］

(2) ㋓人間《にんげん》のすがたをみとめると、ハヤブサは何《なに》をしましたか。□にあてはまる言葉《ことば》を書《か》きましょう。

急《きゅう》に［　　］をやめて

よろめきながら

［　　　　　］

いきました。

※「大造じいさんとガン」の教材は、令和二年度版　東京書籍　新しい国語　五
教育出版　ひろがる言葉　五上　にも掲載されています。

大造《だいぞう》じいさんとガン (12)

名前

● 次《つぎ》の文章《ぶんしょう》を二回《にかい》読《よ》んで、答《こた》えましょう。

1

残雪《ざんせつ》は、むねの辺《あた》りを
くれないにそめて、ぐったりと
していました。しかし、
㋐第二《だいに》のおそろしいてきが
近《ちか》づいたのを感《かん》じると、
㋑残《のこ》りの力《ちから》をふりしぼって、
ぐっと長《なが》い首《くび》を
持《も》ち上《あ》げました。
そして、
じいさんを
正面《しょうめん》からにらみつけました。

2

それは、鳥《とり》とはいえ、
いかにも頭領《とうりょう》らしい、
㋒堂々《どうどう》たる態度《たいど》のようで
ありました。

（令和二年度版　光村図書　国語　五　銀河　椋《むく》　鳩十《はとじゅう》）

1

(1) ㋐第二《だいに》のおそろしいてきとは、だれのことですか。

(2) 残雪《ざんせつ》は㋑残《のこ》りの力《ちから》をふりしぼって、何《なに》をしましたか。二《ふた》つ書《か》きましょう。

① ぐっと長《なが》い首《くび》を［　　　　］。

② じいさんを正面《しょうめん》から［　　　　］。

2

(1) ㋒堂々《どうどう》たる態度《たいど》だったのは、だれですか。一《ひと》つに○をつけましょう。

（　）ハヤブサ
（　）残雪《ざんせつ》
（　）じいさん

※「大造じいさんとガン」の教材は、令和二年度版　東京書籍　新しい国語　五
教育出版　ひろがる言葉　五上　にも掲載されています。

大造《だいぞう》じいさんとガン ⒀

名前

● 次《つぎ》の文章《ぶんしょう》を二回《にかい》読《よ》んで、答《こた》えましょう。

大造《だいぞう》じいさんが
㋐手《て》をのばしても、
残雪《ざんせつ》は、もうじたばた
さわぎませんでした。
それは、最期《さいご》の時《とき》を感《かん》じて、
せめて頭領《とうりょう》としての
いげんをきずつけまいと
㋑努力《どりょく》している
ようでも
ありました。
大造《だいぞう》じいさんは、
㋒強《つよ》く心《こころ》を打《う》たれて、
ただの鳥《とり》に対《たい》しているような
気《き》がしませんでした。

（令和二年度版　光村図書　国語　五　銀河　椋《むく》　鳩十《はとじゅう》）

⑴ だれが、だれに、㋐手《て》をのばしたのですか。

・だれが
［　　　　　　］が

・だれに
［　　］に

⑵ 残雪《ざんせつ》は、どんなことに㋑努力《どりょく》しているようでもありましたか。

最期《さいご》の時《とき》を感《かん》じて、せめて［　　］としての［　　　］をきずつけまいと努力《どりょく》しているようでもありました。

⑶ 大造《だいぞう》じいさんは、何《なに》に㋒強《つよ》く心《こころ》を打《う》たれたのでしょう。一《ひと》つに○をつけましょう。

（　）やっと残雪《ざんせつ》をつかまえられるよろこび。

（　）大造《だいぞう》じいさんが手《て》をのばしても、残雪《ざんせつ》が、もうじたばたさわがなかったこと。

※「大造じいさんとガン」の教材は、令和二年度版　東京書籍　新しい国語　五
教育出版　ひろがる言葉　五上　にも掲載されています。

大造《だいぞう》じいさんとガン　(14)

名前

● 次《つぎ》の文章《ぶんしょう》を二回《にかい》読《よ》んで、答《こた》えましょう。

1

4

残雪《ざんせつ》は、大造《だいぞう》じいさんの
おりの中《なか》で、
㋐一冬《ひとふゆ》をこしました。
春《はる》になると、
そのむねの㋑きずも治《なお》り、
㋒体力《たいりょく》も元《もと》のようになりました。

2

ある晴《は》れた春《はる》の朝《あさ》でした。
じいさんは、㋓おりのふたを
いっぱいに開《あ》けてやりました。

（令和二年度版　光村図書　国語　五　銀河　椋《むく》鳩十《はとじゅう》）

1

(1) 残雪《ざんせつ》は、どこで、㋐一冬《ひとふゆ》をこしましたか。

大造《だいぞう》じいさんの □□□□ 。

(2) 春《はる》になると、残雪《ざんせつ》の㋑むねのきずと㋒体力《たいりょく》は、どうなりましたか。□にあてはまる言葉《ことば》を書《か》きましょう。

むねのきずも □□ 、
体力《たいりょく》も □□□□□
なりました。

2

(1) じいさんが、㋓おりのふたを開《あ》けてやったのは、いつですか。

ある晴《は》れた □□□ 。

※「大造じいさんとガン」の教材は、令和二年度版　東京書籍　新しい国語　五　教育出版　ひろがる言葉　五上　にも掲載されています。

大造《だいぞう》じいさんとガン ⑮

名前

● 次《つぎ》の文章《ぶんしょう》を二回《にかい》読《よ》んで、答《こた》えましょう。

1

残雪《ざんせつ》は、あの長《なが》い首《くび》を
かたむけて、
とつぜんに広《ひろ》がった世界《せかい》に
㋐おどろいたようで
ありました。が、
バシッ。
快《こころよ》い羽音《はおと》一番《いちばん》、
一直線《いっちょくせん》に㋑空《そら》へ飛《と》び上《あ》がりました。

2

㋒らんまんとさいた
スモモの花《はな》が、
その羽《はね》にふれて、
雪《ゆき》のように清《きよ》らかに、
㋓はらはらと散《ち》りました。

（令和二年度版　光村図書　国語　五　銀河　椋《むく》　鳩十《はとじゅう》）

1

(1) 残雪《ざんせつ》は、何《なに》に㋐おどろいたのですか。

とつぜんに［　　　　］に
おどろいたようでありました。

(2) ㋑空《そら》へ飛《と》び上《あ》がったのはだれですか。

［　　］

2

(1) ㋒らんまんとさいたスモモの花《はな》とありますが、その様子《ようす》を表《あらわ》した文《ぶん》に○をつけましょう。

（　）スモモの花《はな》がたくさん、さきみだれている。

（　）スモモの花《はな》が一《いち》りんだけ、満開《まんかい》にさいている。

(2) 残雪《ざんせつ》の羽《はね》にふれて㋓はらはらと散《ち》ったのは、何《なん》ですか。○をつけましょう。

（　）スモモの花《はな》

（　）清《きよ》らかな雪《ゆき》

※「大造じいさんとガン」の教材は、令和二年度版　東京書籍　新しい国語　五　教育出版　ひろがる言葉　五上　にも掲載されています。

大造《だいぞう》じいさんとガン (16)

名前

● 次《つぎ》の文章《ぶんしょう》を二回《にかい》読《よ》んで、答《こた》えましょう。

1

「おうい、ガンの英雄《えいゆう》よ。
おまえみたいな㋐えらぶつを、
おれは、ひきょうなやり方《かた》で
やっつけたかあないぞ。
なあ、おい。今年《ことし》の冬《ふゆ》も、
仲間《なかま》を連《つ》れてぬま地《ち》に
やって来《こ》いよ。そうして、
㋑おれたちは、また堂々《どうどう》と
戦《たたか》おうじゃあないか。」

2

大造《だいぞう》じいさんは、花《はな》の下《した》に
立《た》って、こう大《おお》きな声《こえ》でガンに
㋒よびかけました。
そうして、残雪《ざんせつ》が北《きた》へ北《きた》へと
飛《と》び去《さ》っていくのを、
晴《は》れ晴《ば》れとした顔《かお》つきで
㋓見守《みまも》っていました。
いつまでも、
いつまでも、
見守《みまも》っていました。

（令和二年度版　光村図書　国語　五　銀河　椋《むく》　鳩十《はとじゅう》）

1

(1) ㋐えらぶつとは、どういう意味《いみ》ですか。○をつけましょう。

（　）りっぱでえらいやつ。

（　）「えらぶつ」という名前《なまえ》のやつ。

(2) 今年《ことし》の冬《ふゆ》も、㋑おれたちは、何《なに》をしようと言《い》っていますか。□に言葉《ことば》を書《か》きましょう。

また□□と□□□じゃあないか。

2

(1) 大造《だいぞう》じいさんが㋒よびかけた、ガンの名前《なまえ》を書《か》きましょう。

□□

(2) 大造《だいぞう》じいさんは、残雪《ざんせつ》が北《きた》へ飛《と》び去《さ》っていくのを、どんな顔《かお》つきで㋓見守《みまも》っていましたか。

□□□□とした顔《かお》つきで見守《みまも》っていました。

※「大造じいさんとガン」の教材は、令和二年度版　東京書籍　新しい国語　五　教育出版　ひろがる言葉　五上　にも掲載されています。

雪《ゆき》の夜《よ》明《あ》け (1)

名前

● 次《つぎ》のあらすじと文章《ぶんしょう》を二回読《にかいよ》んで、答《こた》えましょう。

こおりつく寒《さむ》さの、静《しず》まりかえった夜《よる》の森《もり》で、雪《ゆき》の巣《す》あなに野《の》うさぎの子《こ》が、独《ひと》りぼっちでうずくまっています。夏《なつ》のある日《ひ》、おそろしいきつねにおそわれてにげた野《の》うさぎの子《こ》は、母《かあ》さんとはぐれたままです。そのときから野《の》うさぎの子《こ》は独《ひと》りなのです。ふくろうが、えものを待《ま》ちぶせしています。きばをむいたきつねが、巣《す》あなを目《め》がけておどりかかりました。空《そら》からはふくろうのかぎづめがふりかかります。

野《の》うさぎの子《こ》は、
㋐死《し》にものぐるいで雪《ゆき》をけります。
雪《ゆき》をけって、けって、
けり上《あ》げます。
息《いき》の続《つづ》くかぎり
㋑雪《ゆき》をけり、前《まえ》へ、前《まえ》へと、
飛《と》び出《だ》してゆきます。
㋒足《あし》を止《と》めたその時《とき》が、
野《の》うさぎの子《こ》の命《いのち》の終《お》わり
なのです。果《は》てもなく続《つづ》く、
一面《いちめん》の雪《ゆき》の野原《のはら》に、一《ひと》すじの
雪《ゆき》けむりがまい上《あ》がります。
ふり返《かえ》るひまはありません。
きつねはすぐ後《うし》ろに㋓せまり、
目《め》の前《まえ》は、立《た》ちはだかるように
そびえ立《た》つ雪《ゆき》の山《やま》です。

（令和二年度版　光村図書　国語　五　銀河　今村《いまむら》葦子《あしこ》）

(1) ㋐死《し》にものぐるいで雪《ゆき》をけります。とありますが、だれが雪《ゆき》をけりますか。

［　　　　］

(2) ㋑雪《ゆき》をけりは、何《なに》をしているのですか。一《ひと》つに○をつけましょう。

（　）雪《ゆき》けりをして遊《あそ》んでいる。
（　）雪《ゆき》をけってあなをほっている。
（　）ひっしでにげている。

(3) ㋒足《あし》を止《と》めたその時《とき》に、野《の》うさぎの子《こ》の命《いのち》は、どうなるのですか。

野《の》うさぎの子《こ》の命《いのち》の［　　　］なのです。

(4) すぐ後《うし》ろに、何《なに》が㋓せまりますか。

［　　　］

雪《ゆき》の夜《よ》明《あ》け (2)

● 次《つぎ》の文章《ぶんしょう》を二回《にかい》読《よ》んで、答《こた》えましょう。

名前

野《の》うさぎの子《こ》は、
最後《さいご》の最後《さいご》の
力《ちから》をふりしぼり、
一気《いっき》にかけ上《あ》がります。
そのとたん、㋐急《きゅう》に足《あし》が
軽《かる》くなりました。
深《ふか》い雪《ゆき》が、
野《の》うさぎの子《こ》の
後《うし》ろ足《あし》を
軽々《かるがる》と支《ささ》えています。

追《お》いつめる
㋑きつねの細《ほそ》い足《あし》は、
深《ふか》い雪《ゆき》のあなに
落《お》ちていました。
雪山《ゆきやま》の木《き》は、その枝々《えだえだ》で、
ふくろうのつばさをこばみ、
㋒さえぎりました。

（令和二年度版　光村図書　国語　五　銀河　今村《いまむら》　葦子《あしこ》）

(1) ㋐急《きゅう》に足《あし》が軽《かる》くなったのは、何《なに》が、何《なに》を支《ささ》えているからですか。分《わ》かる部分《ぶぶん》を文中《ぶんちゅう》から書《か》き出《だ》しましょう。

□□□が
□□□□□□の□□□を
軽々《かるがる》と支《ささ》えています。

(2) ㋑きつねの細《ほそ》い足《あし》は、どうなりましたか。

深《ふか》い雪《ゆき》の□□に
□□□いました。

(3) だれが、ふくろうを㋒さえぎりましたか。一《ひと》つに○をつけましょう。

（　）野《の》うさぎの子《こ》
（　）深《ふか》い雪《ゆき》
（　）雪山《ゆきやま》の木《き》

雪《ゆき》の夜《よ》明《あ》け (3)

名前

● 次《つぎ》の文章《ぶんしょう》を二回《にかい》読《よ》んで、答《こた》えましょう。

1

野《の》うさぎの子《こ》が、雪山《ゆきやま》のてっぺんに㋐たどり着《つ》いたとき、きつねはふもとであらい息《いき》をはき、ぼうぜんと立《た》ちつくしていました。ふくろうのすがたも、もうどこにもありません。

野《の》うさぎの子《こ》の耳元《みみもと》のにこ毛《げ》が、風《かぜ》にかすかにそよぎます。

※にこ毛《げ》…やわらかい毛《け》のこと。うぶ毛《げ》のこと。

2

夜《よる》が、白々《しらじら》と明《あ》けてゆきます。㋑遠《とお》くの山々《やまやま》があかがね色《いろ》にそまり、見《み》る間《ま》にまばゆい金色《きんいろ》にかがやきます。

水《みず》の底《そこ》にしずんだように光《ひかり》を失《うしな》っていた雪《ゆき》は、しだいしだいに、雪《ゆき》の白《しろ》さを取《と》りもどし、朝《あさ》の光《ひかり》にきらめきます。

雪《ゆき》の夜明《よあ》けの、㋒光《ひかり》のまほうです。

（令和二年度版 光村図書 国語 五 銀河 今村《いまむら》葦子《あしこ》）

1

(1) 野《の》うさぎの子《こ》は、どこに㋐たどり着《つ》いたのですか。

[ ][ ] のてっぺん

(2) 野《の》うさぎの子《こ》は、きつねとふくろうにつかまりましたか。○をつけましょう。

（ ）つかまらなかった。

（ ）つかまった。

2

(1) 夜《よ》が明《あ》けて、㋑遠《とお》くの山々《やまやま》の色《いろ》は、どのようにかわりましたか。

[ ][ ][ ][ ][ ] にそまり、見《み》る間《ま》にまばゆい [ ][ ] にかがやきます。

(2) ㋒光《ひかり》のまほうで雪《ゆき》は、どうなりますか。二《ふた》つに○をつけましょう。

（ ）雪《ゆき》の白《しろ》さをとりもどす。

（ ）水《みず》の底《そこ》にしずんでいく。

（ ）朝《あさ》の光《ひかり》にきらめく。

雪《ゆき》の夜《よ》明《あ》け　(4)

名前

● 次《つぎ》の文章《ぶんしょう》を二回《にかい》読《よ》んで、答《こた》えましょう。

1

チッ、チチッ、ピッ。
森《もり》のどこかで小鳥《ことり》たちが鳴《な》きはじめ、やがて、いっせいに森中《もりじゅう》の鳥《とり》がさえずりはじめます。アカゲラは、木《き》のドラムをたたきます。りすたちは、木《き》の上《うえ》からかけ下《お》り、㋐一面《いちめん》のまぶしい銀世界《ぎんせかい》を軽々《かるがる》ととびはねます。雪《ゆき》の森《もり》が目《め》を覚《さ》まし、夜明《よあ》けの歌《うた》をうたいはじめます。

2

野《の》うさぎの子《こ》は、立《た》ち上《あ》がり、耳《みみ》をぴんと立《た》てました。血《ち》がたぎり、体中《からだじゅう》に力《ちから》がみなぎっています。強《つよ》い喜《よろこ》びがこみ上《あ》げてきます。

（令和二年度版　光村図書　国語　五　銀河　今村《いまむら》葦子《あしこ》）

1

(1) 上《うえ》に書《か》かれたことをしている生《い》き物《もの》を下《した》から選《えら》んで、――線《せん》で結《むす》びましょう。

① チッ、チチッ、ピッ。と鳴《な》きはじめる　・　　・りすたち

② 木《き》のドラムをたたく　・　　・アカゲラ

③ 木《き》の上《うえ》からかけ下《お》りる　・　　・小鳥《ことり》たち

(2) ㋐一面《いちめん》のまぶしい銀世界《ぎんせかい》をとびはねるのは、だれですか。

2

(1) 2の文《ぶん》の中《なか》で野《の》うさぎの子《こ》は、どんな様子《ようす》ですか。次《つぎ》の文《ぶん》の□に言葉《ことば》を書《か》きましょう。

血《ち》がたぎり　□□　に　□　がみなぎっています。
強《つよ》い　□□　がこみ上《あ》げてきます。

雪《ゆき》の夜《よ》明《あ》け　(5)

名前

● 次《つぎ》の文章《ぶんしょう》を二回《にかい》読《よ》んで、答《こた》えましょう。

登場人物《とうじょうじんぶつ》　野《の》うさぎの子《こ》・(野《の》うさぎの)女《おんな》の子《こ》

㋐トン。トン。
後《うし》ろ足《あし》で思《おも》いっきり強《つよ》く、
雪《ゆき》をたたきます。
㋑トン。トン。トン。
それは、生《い》きる喜《よろこ》びの
㋒ばくはつです。
その喜《よろこ》びを遠《とお》くへ伝《つた》えるのは、
ふり積《つ》もった真《ま》っ白《しろ》い雪《ゆき》です。
喜《よろこ》びにやさしく応《こた》える音《おと》を
伝《つた》えてくるのも、
ふり積《つ》もった雪《ゆき》です。
㋓トン。トン。
遠《とお》くから応《こた》えるのは、
やさしい女《おんな》の子《こ》です。
「あたし、ここにいるよ。
ここにおいで。」
野《の》うさぎの子《こ》は応《こた》えます。
(あ)「トン。今《いま》、行《い》くよ。
ぼく、そこに行《い》くよ。」
野《の》うさぎの子《こ》は、まっしぐらに
かけだします。

(令和二年度版　光村図書　国語　五　銀河　今村《いまむら》　葦子《あしこ》)

(1) 「㋐トン。トン。」は、何《なん》の音《おと》でしょう。

野《の》うさぎの子《こ》が［　　　］で［　］をたたく音《おと》。

(2) それは、何《なん》の㋒ばくはつですか。

［　　　　　］のばくはつです。

(3) ㋑トン。トン。トン。と㋓トン。トン。は、それぞれ、だれが出《だ》した音《おと》ですか。あとの［　］から選《えら》んで(　)に書《か》きましょう。

㋑ (　　　)

㋓ (　　　)

・野《の》うさぎの女《おんな》の子《こ》　・野《の》うさぎの子《こ》

(4) (あ)は、だれが言《い》った言葉《ことば》ですか。

(　　　)

手塚治虫《てづかおさむ》（1）

名前

● 次《つぎ》の文章《ぶんしょう》を二回《にかい》読《よ》んで、答《こた》えましょう。

1

まんがなら、だれにも負《ま》けない

手塚治虫《てづかおさむ》（本名《ほんみょう》は治《おさむ》）は、一九二八年《せんきゅうひゃくにじゅうはちねん》（昭和三年《しょうわさんねん》）十一月三日《じゅういちがつみっか》、大阪府豊中市《おおさかふとよなかし》で生《う》まれた。㋐子《こ》ども時代《じだい》を過《す》ごしたのは、兵庫県宝塚市《ひょうごけんたからづかし》である。

治《おさむ》は体操《たいそう》は㋑苦手《にがて》だったが、図画《ずが》や工作《こうさく》は㋒得意《とくい》だった。三《さん》、四歳《よんさい》のころから、絵《え》をかく楽《たの》しみを覚《おぼ》え、㋓小学校《しょうがっこう》に入学《にゅうがく》するころには、絵《え》が大好《だいす》きになっていた。図画《ずが》の時間《じかん》になると、風景《ふうけい》や人物《じんぶつ》をよく観察《かんさつ》して、細《こま》かいところもしっかりかいた。

2

まんがをかくのも得意《とくい》だった。母《はは》は、子《こ》ども向《む》けのまんが本《ぼん》を、よく㋔買《か》ってきてくれた。治《おさむ》はそれをくり返《かえ》し読《よ》んで、せりふや場面《ばめん》をすっかり暗記《あんき》したり、まんがの主人公《しゅじんこう》の絵《え》をかいたりした。

（令和二年度版　東京書籍　新しい国語　五　国松《くにまつ》　俊英《としひで》）

1

(1) 手塚治虫《てづかおさむ》が㋐子《こ》ども時代《じだい》を過《す》ごした所《ところ》に、○をつけましょう。

（　）大阪府豊中市《おおさかふとよなかし》

（　）兵庫県宝塚市《ひょうごけんたからづかし》

(2) 治《おさむ》が㋑苦手《にがて》なことと、㋒得意《とくい》なことを書《か》きましょう。

㋑苦手《にがて》［　　　　］

㋒得意《とくい》［　　　　］や［　　　　］

(3) ㋓小学校《しょうがっこう》に入学《にゅうがく》するころには、何《なに》が大好《だいす》きになっていましたか。

［　　　　］

2

(1) 母《はは》は、何《なに》を㋔よく買《か》ってきてくれましたか。

子《こ》ども向《む》けの［　　　　］をよく買《か》ってきてくれた。

手《て》塚《づか》治《おさ》虫《む》 (2)

名前

● 次《つぎ》の文章《ぶんしょう》を二回《にかい》読《よ》んで、答《こた》えましょう。

1

㋐小学校《しょうがっこう》での治《おさむ》は、
いじめられっ子《こ》だった。
「どうしたら、いじめられない
ようになるのかな。」と
治《おさむ》は㋑考《かんが》えた。
いじめっ子《こ》にはできなくて、
自分《じぶん》にはできることを見《み》つけ、
やってみせればいい。
「そうだ、まんがをかくこと
だったら、だれにも負《ま》けないぞ。」

2

治《おさむ》が得意《とくい》のまんがを
㋒かいてみせると、
いじめっ子《こ》たちはおどろいた。
治《おさむ》はいじめっ子《こ》たちに、好《す》きな
まんがの主人公《しゅじんこう》をかいてやり、
ノートにかいたまんがの作品《さくひん》を
見《み》せた。その出来《でき》ばえに、
だれもが感心《かんしん》して、㋓いじめは
なくなっていった。

（令和二年度版　東京書籍　新しい国語　五　国松《くにまつ》　俊英《としひで》）

1

(1) ㋐小学校《しょうがっこう》での治《おさむ》は、どんな子《こ》だったのですか。

［　　　　］

(2) 治《おさむ》は何《なに》を㋑考《かんが》えたのですか。○をつけましょう。

（　）どうしたら、いじめっ子《こ》になれるのか。

（　）どうしたら、いじめられないようになるのか。

2

(1) 治《おさむ》は、何《なに》を㋒かいてみせましたか。

得意《とくい》の□□□。

(2) 治《おさむ》への㋓いじめはなくなっていったのはなぜですか。

治《おさむ》がかいたまんがの□□□□に、だれもが□□したから。

手《て》塚《づか》治《おさ》虫《む》 (3)

名前

● 次《つぎ》の文章《ぶんしょう》を二回《にかい》読《よ》んで、答《こた》えましょう。

1

どうしたらおもしろい
まんがをかけるのか。
㋐絵《え》のかき方《かた》やストーリーについて
くふうしたので、治《おさむ》のまんがは
どんどんうまくなっていった。
そして前《まえ》よりも、もっと
まんがが好《す》きになった。

2

三年生《さんねんせい》の二学期《にがっき》から、クラスの
担任《たんにん》は乾秀雄先生《いぬいひでおせんせい》になった。
乾先生《いぬいせんせい》は作文《さくぶん》に㋑力《ちから》を入《い》れていた
ので、作文《さくぶん》の時間《じかん》が増《ふ》えた。
治《おさむ》は、㋒作文《さくぶん》の時間《じかん》が好《す》きだった。
題材《だいざい》が見《み》つからないでこまっている
子《こ》もいたが、治《おさむ》には書《か》きたいことが
たくさんあった。作文《さくぶん》を書《か》くのは
楽《たの》しく、原《げん》こう用紙《ようし》に十枚《じゅうまい》、
二十枚《にじゅうまい》書《か》くのも平気《へいき》だった。
五十枚以上《ごじゅうまいいじょう》書《か》いて、
みんなを㋓おどろかせた
こともあった。

（令和二年度版　東京書籍　新しい国語　五　国松《くにまつ》俊英《としひで》）

1

(1) 治《おさむ》は、㋐どんなことをくふうしたのですか。二《ふた》つ書《か》きましょう。

・

・

2

(1) 乾先生《いぬいせんせい》は、何《なに》に㋑力《ちから》を入《い》れていたのですか。

(2) 治《おさむ》が、㋒作文《さくぶん》の時間《じかん》が好《す》きだったのは、なぜですか。〇をつけましょう。

（　）題材《だいざい》が見《み》つからなかったから。
（　）書《か》きたいことがたくさんあったから。

(3) 治《おさむ》は、何《なに》をしてみんなを㋓おどろかせたのですか。

作文《さくぶん》を原《げん》こう用紙《ようし》に　　　以上《いじょう》書《か》いて、
みんなをおどろかせたこともあった。

手塚治虫《てづかおさむ》 (4)

名前

● 次《つぎ》の文章《ぶんしょう》を二回《にかい》読《よ》んで、答《こた》えましょう。

1

乾先生《いぬいせんせい》の指導《しどう》で㋐作文《さくぶん》をたくさん書《か》いたことは、大人《おとな》になってから、まんがのストーリーを考《かんが》えるときに役立《やくだ》った。

三年生《さんねんせい》のときには、星《ほし》や宇宙《うちゅう》に㋑興味《きょうみ》を持《も》つようになり、昆虫採集《こんちゅうさいしゅう》も始《はじ》めた。

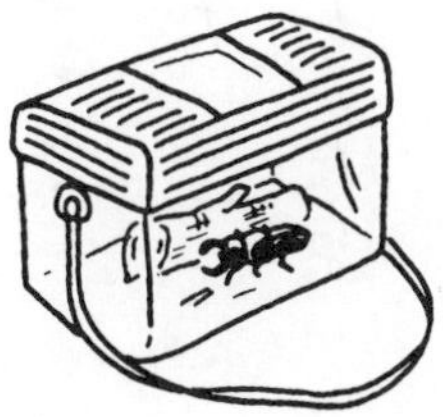

2

四年生《よねんせい》になって、治《おさむ》のかいたまんがが、「ピンピン生《せい》チャン」という㋒教室《きょうしつ》で大評判《だいひょうばん》になった。そのころ、日本《にほん》は戦争中《せんそうちゅう》で、本屋《ほんや》にもまんが本《ぼん》は売《う》っていなかった。それでみんなは、治《おさむ》がノートにかいたまんがを回覧《かいらん》して楽《たの》しんでいたのである。

（令和二年度版　東京書籍　新しい国語　五　国松《くにまつ》　俊英《としひで》）

1

(1) ㋐作文《さくぶん》をたくさん書《か》いたことは、大人《おとな》になってから、どんなときに役立《やくだ》ちましたか。

まんがの［　　　］を［　　　］ときに役立《やくだ》った。

(2) 三年生《さんねんせい》のときには、何《なに》に㋑興味《きょうみ》を持《も》つようになりましたか。

［　　　］や［　　　］。

2

(1) ㋒教室《きょうしつ》で大評判《だいひょうばん》になったまんがの、題名《だいめい》を書《か》きましょう。

「　　　」

(2) ㋒教室《きょうしつ》で大評判《だいひょうばん》になったのはなぜですか。〇をつけましょう。

（　）治《おさむ》のまんがは、日本国内《にほんこくない》でとても有名《ゆうめい》だったから。

（　）戦争中《せんそうちゅう》で、本屋《ほんや》にもまんが本《ぼん》が売《う》っていなかったから。

手塚《てづか》治虫《おさむ》 (5)

名前

● 次《つぎ》の文章《ぶんしょう》を二回《にかい》読《よ》んで、答《こた》えましょう。

1

ある日《ひ》、治《おさむ》のまんがを読《よ》んでいた女《おんな》の子《こ》が先生《せんせい》に見《み》つかり、㋐ノートを取《と》り上《あ》げられた。

「きっと大目玉《おおめだま》をくらうぞ。二度《にど》とまんがをかいたらいけないと㋑言《い》われるんだろうな。」

治《おさむ》は覚《かく》ごを決《き》めた。

2

ところが、乾先生《いぬいせんせい》はおこるどころか、よくできているとほめてくれたのだ。

「このまんがの続《つづ》きをかいたら、㋒わたしにも読《よ》ませてほしいな。」

先生《せんせい》の言葉《ことば》に、治《おさむ》はほっとした。

そして先生《せんせい》は続《つづ》けて、こう言《い》った。

「手塚《てづか》は大人《おとな》になったら、まんが家《か》になれるかもしれないよ。」

治《おさむ》は、最初《さいしょ》びっくりし、次《つぎ》には飛《と》び上《あ》がりたいほど、㋓うれしい気持《きも》ちになった。先生《せんせい》は、治《おさむ》のまんがをみとめてくれ、大《おお》きな自信《じしん》と勇気《ゆうき》をあたえてくれた。

（令和二年度版　東京書籍　新しい国語　五　国松《くにまつ》　俊英《としひで》）

1

(1) この㋐ノートには何《なに》が書《か》いてあったのですか。○をつけましょう。

（　）治《おさむ》のかいたまんが

（　）女《おんな》の子《こ》のかいたまんが

(2) 治《おさむ》は、何《なん》と㋑言《い》われると覚《かく》ごを決《き》めたのですか。

二度《にど》と【　　　】を かいたら【　　　　】。

2

(1) ㋒わたしにも読《よ》ませてほしいなと言《い》ったのはだれですか。

【　　　】

(2) ㋓治《おさむ》が飛《と》び上《あ》がりたいほど、うれしい気持《きも》ちになった、乾先生《いぬいせんせい》が言《い》った言葉《ことば》を書《か》きましょう。

「手塚《てづか》は大人《おとな》になったら、【　　　　】に【　　　】かもしれないよ。」

雪《ゆき》わたり (1)

名前

● 次《つぎ》の文章《ぶんしょう》を二回《にかい》読《よ》んで、答《こた》えましょう。

かわいらしい
きつねの女《おんな》の子《こ》が、
きびだんごを㋐のせたお皿《さら》を
二《ふた》つ㋑持《も》ってきました。
四郎《しろう》はすっかり
㋒弱《よわ》ってしまいました。
なぜってたった今《いま》、
太右衛門《たえもん》と清作《せいさく》との
悪《わる》いものを知《し》らないで
食《た》べたのを
見《み》ているのですから。
それにきつねの学校生徒《がっこうせいと》が、
みんなこっちを向《む》いて、
「食《く》うだろうか。ね。
食《く》うだろうか。」なんて、
㋓ひそひそ話《はな》し合《あ》って
いるのです。

（令和二年度版　教育出版　ひろがる言葉　小学国語　五下　宮沢《みやざわ》賢治《けんじ》）

(1) 何《なに》を㋐のせたお皿《さら》を持《も》ってきましたか。

[　　　　　]

(2) だれが㋑持《も》ってきましたか。

[　　　]の[　　　]。

(3) 四郎《しろう》がすっかり㋒弱《よわ》ってしまったのは、なぜですか。

たった今《いま》、太右衛門《たえもん》と清作《せいさく》との[　　　　]を
知《し》らないで[　　　]のを見《み》ているのですから。

(4) ㋓ひそひそ話《はな》し合《あ》っているのは、だれですか。○をつけましょう。

（　）太右衛門《たえもん》と清作《せいさく》
（　）きつねの学校生徒《がっこうせいと》

雪《ゆき》わたり　(2)

名前

● 次《つぎ》の文章《ぶんしょう》を二回《にかい》読《よ》んで、答《こた》えましょう。

1

かん子《こ》は、はずかしくて
お皿《さら》を手《て》に持《も》ったまま、
㋐真《ま》っ赤《か》になってしまいました。
すると四郎《しろう》が、決心《けっしん》して
言《い》いました。
「ね。㋑食《た》べよう。お食《た》べよ。
ぼくは、紺三郎《こんざぶろう》さんが
ぼくらをだますなんて
思《おも》わないよ。」

2

そして二人《ふたり》は、
きびだんごを
みんな食《た》べました。
その㋒おいしいことは、
ほっぺたも落《お》ちそうです。
きつねの学校生徒《がっこうせいと》は、
もう㋓あんまり喜《よろこ》んで、
みんなおどり上《あ》がって
しまいました。

(令和二年度版　教育出版　ひろがる言葉　小学国語　五下　宮沢《みやざわ》賢治《けんじ》)

1

(1) ㋐真《ま》っ赤《か》になってしまったのは、だれですか。

[　　　]

(2) ㋑食《た》べようと言《い》っているのは、だれですか。一《ひと》つに○をつけましょう。

(　) かん子《こ》
(　) 四郎《しろう》
(　) 紺三郎《こんざぶろう》

2

(1) きびだんごの㋒おいしいことを、どのように表現《ひょうげん》していますか。

[　　　　] も [　　] そうです。

(2) きつねの学校生徒《がっこうせいと》は、㋓あんまり喜《よろこ》んで、どうしましたか。

みんな [　　　　] しまいました。

雪《ゆき》わたり (3)

名前

● 次《つぎ》の文章《ぶんしょう》を二回《にかい》読《よ》んで、答《こた》えましょう。

キックキックトントン、
キックキックトントントン。
「昼《ひる》はカンカン日《ひ》の光《ひかり》
夜《よる》はツンツン月明《つきあ》かり
たとえ体《からだ》をさかれても
きつねの生徒《せいと》はうそ言《い》うな。」

キック、キックトントントン、
キックキックトントン。
「昼《ひる》はカンカン日《ひ》の光《ひかり》
夜《よる》はツンツン月明《つきあ》かり
たとえこごえてたおれても
きつねの生徒《せいと》はぬすまない。」
キックキックトントン、
キックキックトントン。
「昼《ひる》はカンカン日《ひ》の光《ひかり》
夜《よる》はツンツン月明《つきあ》かり
たとえ体《からだ》がちぎれても
きつねの生徒《せいと》はそねまない。」

※そねむ…うらやましく思《おも》ってねたむ

（令和二年度版　教育出版　ひろがる言葉　小学国語　五下　宮沢《みやざわ》　賢治《けんじ》）

(1) □にあてはまる言葉《ことば》を、カタカナで書《か》きましょう。

昼《ひる》は □□□□ 日《ひ》の光《ひかり》
夜《よる》は □□□□ 月明《つきあ》かり

(2) キツネの生徒《せいと》は、「たとえ何《なに》をされても、何《なに》をするな」と言《い》っていますか。次《つぎ》の上《うえ》の言葉《ことば》と下《した》の言葉《ことば》を――線《せん》で結《むす》びましょう。

① 体《からだ》をさかれても ・　　・ぬすまない
② こごえてたおれても ・　　・そねまない
③ 体《からだ》がちぎれても ・　　・うそ言《い》うな

雪《ゆき》わたり (4)

名前

● 次《つぎ》の文章《ぶんしょう》を二回《にかい》読《よ》んで、答《こた》えましょう。

1

キックキックトントン、
キックキックトントン。
四郎《しろう》もかん子《こ》も、あんまり
うれしくて、㋐なみだが
こぼれました。
笛《ふえ》がピーと鳴《な》りました。
『わなをけいべつすべからず』
と、大《おお》きな字《じ》がうつり、㋑それが
消《き》えて、絵《え》がうつりました。

2

きつねのこん兵衛《べえ》が、
㋒わなに左足《ひだりあし》を
とられた景色《けしき》です。
「きつねこんこんきつねの子《こ》、
去年《きょねん》きつねのこん兵衛《べえ》が
左《ひだり》の足《あし》をわなに入《い》れ
こんこんばたばた
こんこんこん。」
と、みんなが歌《うた》いました。

（令和二年度版　教育出版　ひろがる言葉　小学国語　五下　宮沢《みやざわ》　賢治《けんじ》）

1

(1) 四郎《しろう》もかん子《こ》も、なぜ㋐なみだがこぼれたのですか。

あんまり □□□□□、なみだがこぼれました。

(2) ㋑それが消《き》えて、とありますが、何《なに》が消《き》えたのですか。一《ひと》つに○をつけましょう。

（　）ピーと鳴《な》る笛《ふえ》の絵《え》
（　）大《おお》きな字《じ》
（　）きつねのこん兵衛《べえ》の絵《え》

2

(1) ㋒わなに左足《ひだりあし》をとられたきつねの名前《なまえ》を書《か》きましょう。

□□□□

(2) きつねのこん兵衛《べえ》が㋒わなに左足《ひだりあし》をとられたのは、いつですか。□から言葉《ことば》を選《えら》び□に書《か》きましょう。

きのう　去年《きょねん》　先月《せんげつ》

雪《ゆき》わたり (5)

名前

● 次《つぎ》の文章《ぶんしょう》を二回《にかい》読《よ》んで、答《こた》えましょう。

1

四郎《しろう》が、そっとかん子《こ》に
言《い》いました。
㋐「ぼくの作《つく》った歌《うた》だねい。」
絵《え》が消《き》えて、
『火《ひ》をけいべつすべからず』と
いう字《じ》が㋑現《あらわ》れました。それも
消《き》えて、絵《え》がうつりました。
きつねのこん助《すけ》が焼《や》いたお魚《さかな》を
取《と》ろうとして、しっぽに
火《ひ》がついたところです。

2

きつねの生徒《せいと》が、
みな㋒さけびました。
「きつねこんこんきつねの子《こ》、
去年《きょねん》きつねのこん助《すけ》が
焼《や》いた魚《さかな》を
㋓取《と》ろうとして
おしりに火《ひ》がつき
きゃんきゃんきゃん。」

（令和二年度版　教育出版　ひろがる言葉　小学国語　五下　宮沢《みやざわ》　賢治《けんじ》）

1

(1) ㋐「ぼくの作《つく》った歌《うた》だねい。」は、だれが、だれに言《い》った言葉《ことば》ですか。

・だれが　［　　］が

・だれに　［　　　］に

(2) どんな字《じ》が㋑現《あらわ》れましたか。［　］に書《か》きましょう。

［『　　　　』］

2

(1) だれが㋒さけびましたか。一《ひと》つに○をつけましょう。

（　）きつねの生徒《せいと》

（　）四郎《しろう》

（　）きつねのこん助《すけ》

(2) きつねのこん助《すけ》は、何《なに》を㋓取《と》ろうとしたのですか。

［　　　　］

雪《ゆき》わたり (6)

名前

● 次《つぎ》の文章《ぶんしょう》を二回《にかい》読《よ》んで、答《こた》えましょう。

1

笛《ふえ》がピーと鳴《な》り、まくは明《あか》るくなって、紺三郎《こんざぶろう》がまた出《で》てきて言《い》いました。

あ「みなさん。今晩《こんばん》の幻灯《げんとう》はこれでおしまいです。今夜《こんや》みなさんは、ア深《ふか》く心《こころ》にとめなければならないことがあります。それは、きつねのこしらえたものを、かしこい少《すこ》しもよわない人間《にんげん》のお子《こ》さんが食《た》べてくだすったということです。

2

そこでみなさんは、これからも、大人《おとな》になっても、うそをつかず、人《ひと》をそねまず、わたしどもきつねの今《いま》までの悪《わる》い評判《ひょうばん》をイすっかりなくしてしまうだろうと思《おも》います。閉会《へいかい》の辞《じ》です。」

きつねの生徒《せいと》は、みんな感動《かんどう》して、両手《りょうて》を上《あ》げ、ワーッと立《た》ち上《あ》がりました。

そして、キラキラなみだをこぼしたのです。

(令和二年度版 教育出版 ひろがる言葉 小学国語 五下 宮沢《みやざわ》 賢治《けんじ》)

1

(1) あは、だれが言《い》った言葉《ことば》ですか。
(※習《なら》っていない漢字《かんじ》はひらがなで書《か》きましょう。)

[　　　　]

(2) ア深《ふか》く心《こころ》にとめなければならないこととは、何《なん》ですか。□にあてはまる言葉《ことば》を書《か》きましょう。

□□□のこしらえたものを□□のお子《こ》さんが□□□くだすったということ。

2

(1) 紺三郎《こんざぶろう》は何《なに》をイすっかりなくしてしまうだろうと思《おも》うのですか。

わたしどもきつねの今《いま》までの□□□□。

(2) きつねの生徒《せいと》は、みんな感動《かんどう》して、何《なに》をしましたか。二《ふた》つに○をつけましょう。

(　)キラキラなみだをこぼした。
(　)笛《ふえ》をピーと鳴《な》らした。
(　)両手《りょうて》を上《あ》げ、ワーッと立《た》ち上《あ》がった。

雪《ゆき》わたり　(7)

名前

● 次《つぎ》の文章《ぶんしょう》を二回《にかい》読《よ》んで、答《こた》えましょう。

1

紺三郎《こんざぶろう》が、二人《ふたり》の前《まえ》に来《き》て、ていねいにおじぎをして言《い》いました。

㋐「それでは。さようなら。㋐今夜《こんや》のごおんは決《けっ》してわすれません。」

2

登場人物《とうじょうじんぶつ》　四郎《しろう》　かんこ　紺三郎《こんざぶろう》　きつねの生徒《せいと》たち

二人《ふたり》も、おじぎをして、うちの方《ほう》へ帰《かえ》りました。きつねの生徒《せいと》たちが、㋑追《お》いかけてきて、二人《ふたり》のふところやかくしに、どんぐりだのくりだの青光《あおびか》りの石《いし》だのを㋒入《い》れて、

「そら、あげますよ。」

「そら、取《と》ってください。」

なんて言《い》って、風《かぜ》のようににげ帰《かえ》っていきます。

紺三郎《こんざぶろう》は笑《わら》って見《み》ていました。

（令和二年度版　教育出版　ひろがる言葉　小学国語　五下　宮沢《みやざわ》　賢治《けんじ》）

1

(1) ㋐の言葉《ことば》は、だれが言《い》った言葉《ことば》ですか。一《ひと》つに○をつけましょう。

（　）四郎《しろう》
（　）かんこ
（　）紺三郎《こんざぶろう》

(2) 何《なに》を決《けっ》して㋐わすれませんと言《い》っているのですか。

今夜《こんや》の□□□。

2

(1) 四郎《しろう》とかんこを㋑追《お》いかけてきたのは、だれですか。

□□□の□□たち。

(2) 二人《ふたり》のふところやかくしに何《なに》を㋒入《い》れてくれましたか。三《みっ》つ書《か》きましょう。

□□□□□
□□
□□□□

みすゞ《（ず）》さがしの旅《たび》
——みんなちがって、みんないい (1)

名前

● 次《つぎ》の文章《ぶんしょう》を二回《にかい》読《よ》んで、答《こた》えましょう。

金子《かねこ》みすゞ《（ず）》という
美《うつく》しい名前《なまえ》をもった
㋐女性詩人《じょせいしじん》を知《し》ったのは、
㋑昭和四十一《しょうわよんじゅういち》（一九六六《せんきゅうひゃくろくじゅうろく》）年《ねん》、
わたしが大学一年《だいがくいちねん》の時《とき》でした。
『日本童謡集《にほんどうようしゅう》』という
㋒本《ほん》の中《なか》に、金子《かねこ》みすゞ《（ず）》の
『大漁《たいりょう》』という作品《さくひん》が、
㋓一編《いっぺん》だけのっていたのです。

（令和二年度版　教育出版　ひろがる言葉　小学国語　五下　矢崎《やざき》節夫《せつお》）

(1) 美《うつく》しい名前《なまえ》をもった㋐女性詩人《じょせいしじん》の、名前《なまえ》を書《か》きましょう。

□□□□□

(2) わたしが金子《かねこ》みすゞ《（ず）》を知《し》ったのは、㋑昭和《しょうわ》何年《なんねん》でしたか。

昭和《しょうわ》□□□年《ねん》、わたしが大学一年《だいがくいちねん》の時《とき》でした。

(3) 何《なん》という㋒本《ほん》の中《なか》に、金子《かねこ》みすゞ《（ず）》の作品《さくひん》がのっていましたか。○をつけましょう。

（　）女性詩人《じょせいしじん》
（　）日本童謡集《にほんどうようしゅう》
（　）大漁《たいりょう》

(4) ㋓一編《いっぺん》だけのっていた金子《かねこ》みすゞ《（ず）》の作品《さくひん》の題名《だいめい》を書《か》きましょう。

『□□』という作品《さくひん》。

みすゞ《（ず）》さがしの旅《たび》(2)
——みんなちがって、みんないい

名前

● 次《つぎ》の文章《ぶんしょう》を二回《にかい》読《よ》んで、答《こた》えましょう。

大漁《たいりょう》

朝《あさ》やけ小《こ》やけだ
大漁《たいりょう》だ
大《おお》ばいわしの
㋐大漁《たいりょう》だ。

㋑はまは祭《まつ》りの
ようだけど
㋒海《うみ》のなかでは
何万《なんまん》の
いわしの㋓とむらい
するだろう。

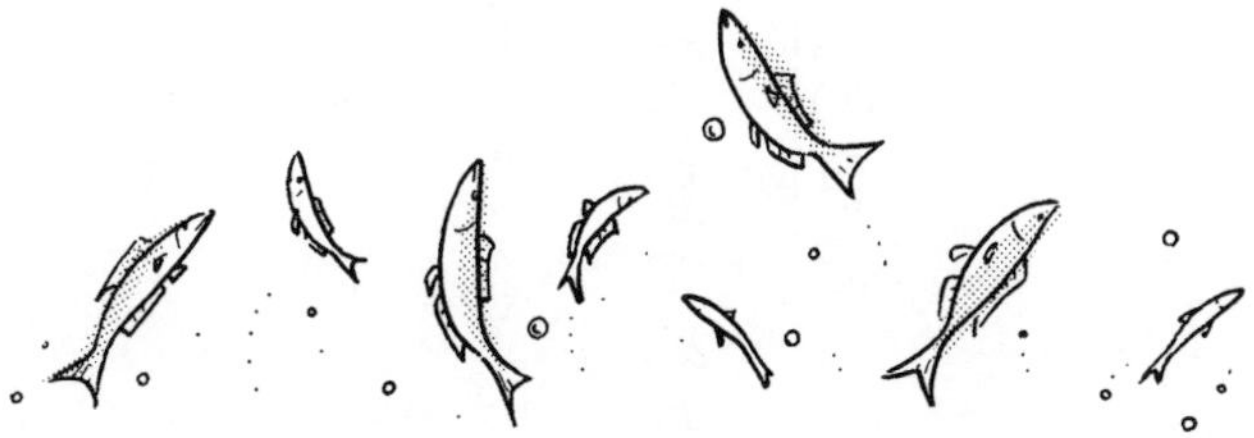

（令和二年度版　教育出版　ひろがる言葉　小学国語　五下　矢崎《やざき》　節夫《せつお》）

(1) 何《なに》が㋐大漁《たいりょう》なのですか。

大《おお》ば［　　　］。

(2) ㋑はまは何《なん》のようなのですか。

［　　］

(3) ㋒海《うみ》のなかでは何《なに》をするのですか。

何万《なんまん》の　いわしの［　　　　］。

(4) ㋓とむらいとは何《なに》ですか。一《ひと》つに○をつけましょう。

（　）祭《まつ》りのおどり
（　）大漁《たいりょう》のおいわい
（　）おそうしき

みすゞ（ず）さがしの旅《たび》 (3)
——みんなちがって、みんないい

名前

● 次《つぎ》の文章《ぶんしょう》を二回《にかい》読《よ》んで、答《こた》えましょう。

1

この作品《さくひん》を読《よ》んだ時《とき》、
わたしは強《つよ》く心《こころ》を
㋐動《うご》かされました。
大漁《たいりょう》を喜《よろこ》ぶ人々《ひとびと》の、
お祭《まつ》りのようににぎわう
はま辺《べ》を見《み》つめながら、
そのうらにかくれている、
海《うみ》の魚《さかな》たちの悲《かな》しみを見《み》つめた、
㋑一人《ひとり》のやさしい詩人《しじん》の目《め》を
感《かん》じたからです。

2

食《た》べる人間《にんげん》も
食《た》べられる魚《さかな》も、
同《おな》じ命《いのち》だと、この詩人《しじん》は
㋒うたっているのです。
それは人間中心《にんげんちゅうしん》の
考《かんが》え方《かた》ではなく、
もっと深《ふか》いやさしさでした。

（令和二年度版　教育出版　ひろがる言葉　小学国語　五下　矢崎《やざき》　節夫《せつお》）

1

(1) わたしは強《つよ》く、何《なに》を㋐動《うご》かされましたか。

[　　]

(2) ㋑一人《ひとり》のやさしい詩人《しじん》の目《め》は、はま辺《べ》を見《み》つめながら、うらにかくれている、何《なに》を見《み》つめましたか。○をつけましょう。

（　）海《うみ》の魚《さかな》たちの悲《かな》しみ。

（　）わたしが読《よ》んだ作品《さくひん》。

2

(1) この詩人《しじん》が㋒うたっていることを書《か》きましょう。

食《た》べる[　][　]も
食《た》べられる[　]も、
[　][　][　]だと、
この詩人《しじん》はうたっているのです。

みすゞ《ず》さがしの旅《たび》(4)
——みんなちがって、みんないい

名前

● 次《つぎ》の文章《ぶんしょう》を二回《にかい》読《よ》んで、答《こた》えましょう。

1

——金子《かねこ》みすゞ《ず》という人《ひと》は、
いったいどんな人《ひと》なのだろう。
——金子《かねこ》みすゞ《ず》の作品《さくひん》を、
もっと読《よ》みたい。
『大漁《たいりょう》』という一編《いっぺん》の作品《さくひん》に
出会《であ》ったことで、わたしは
みすゞ《ず》の人《ひと》と作品《さくひん》に
㋐ひきつけられ、
「みすゞ《ず》さがし」が
㋑始《はじ》まったのでした。

2

大学《だいがく》への行《い》き帰《かえ》り、
古本屋街《ふるほんやがい》に行《い》っては、
金子《かねこ》みすゞ《ず》の名前《なまえ》や
作品《さくひん》がのっている本《ほん》を
㋒さがし歩《ある》きました。
しかし、みすゞ《ず》の名前《なまえ》にも
作品《さくひん》にも、
一度《いちど》も出会《であ》うことは
できませんでした。

(令和二年度版　教育出版　ひろがる言葉　小学国語　五下　矢崎《やざき》節夫《せつお》)

1

(1) 『大漁《たいりょう》』という一編《いっぺん》の作品《さくひん》に出会《であ》ったことで、わたしはみすゞ《ず》の、何《なに》に㋐ひきつけられましたか。

［みすゞ《ず》の□と□□。］

(2) 何《なに》が㋑始《はじ》まったのですか。

「□□□□□□」

2

(1) わたしは古本屋街《ふるほんやがい》へ行《い》っては、何《なに》を㋒さがし歩《ある》きましたか。

［金子《かねこ》みすゞ《ず》の□□や□□がのっている□。］

(2) さがし歩《ある》いたものは、みつかりましたか。○をつけましょう。

(　)くろうしてやっと見《み》つかった。
(　)見《み》つからなかった。

みすゞ《ず》さがしの旅《たび》 (5)

——みんなちがって、みんないい

名前

● 次《つぎ》の文章《ぶんしょう》を二回《にかい》読《よ》んで、答《こた》えましょう。

　金子《かねこ》みすゞ《ず》の作品《さくひん》は、
小《ちい》さなもの、力《ちから》の弱《よわ》いもの、
そこにあるのに気《き》がつかれない
もの、本当《ほんとう》は大切《たいせつ》なものなのに
わすれてしまわれがちなもの
——この地球《ちきゅう》という星《ほし》に
存在《そんざい》する全《すべ》てのものに対《たい》し、
深《ふか》いやさしい㋐まなざしを
投《な》げかけたものばかりです。
　みすゞ《ず》は、
この世《よ》に存在《そんざい》する
全《すべ》てのものが、
それぞれちがうからこそ
すばらしく、
一人一人《ひとりひとり》がちがうからこそ
大切《たいせつ》で、
すてきなのだということを、
こんなふうに
㋑うたってくれています。

（令和二年度版　教育出版　ひろがる言葉　小学国語　五下　矢崎《やざき》　節夫《せつお》）

(1) 金子《かねこ》みすゞ《ず》の作品《さくひん》は、どんな㋐まなざしを投《な》げかけたものばかりですか。

深《ふか》い□□□□まなざしを投《な》げかけたものばかりです。

(2) みすゞ《ず》が、㋑うたってくれていることは、どんなことですか。□に言葉《ことば》を書《か》きましょう。

この世《よ》に存在《そんざい》する□□のものが、それぞれ□□□からこそ一人一人《ひとりひとり》がちがうからこそ□□□□□、□□で、□□□なのだということ。

みすゞ（ず）さがしの旅《たび》　——みんなちがって、みんないい　(6)

名前

● 次《つぎ》の文章《ぶんしょう》を二回《にかい》読《よ》んで、答《こた》えましょう。

わたしと小鳥《ことり》とすずと

わたしが両手《りょうて》をひろげても、
㋐お空《そら》はちっともとべないが、
とべる小鳥《ことり》はわたしのように、
㋑地面《じべた》をはやくは走《はし》れない。

わたしがからだをゆすっても、
きれいな音《おと》はでないけど、
あの鳴《な》るすずはわたしのように
たくさんなうたは知《し》らないよ。

すずと、小鳥《ことり》と、それからわたし、
みんなちがって、みんないい。

（令和二年度版　教育出版　ひろがる言葉　小学国語　五下　矢崎《やざき》　節夫《せつお》）

(1) ㋐お空《そら》はちっともとべないのは、だれですか。

□□□

(2) ㋑地面《じべた》をはやくは走《はし》れないのは、だれですか。

□□

(3) 次《つぎ》の文《ぶん》で、わたしのことが書《か》かれている文《ぶん》に（わ）、鳴《な》るすずのことが書《か》かれている文《ぶん》に（す）と書《か》きましょう。

（　）きれいな音《おと》がでる。
（　）きれいな音《おと》がでない。
（　）たくさんなうたを知《し》っている。
（　）たくさんなうたは知《し》らない。

(4) 第三連《だいさんれん》には、どんなことが書《か》かれていますか。□に言葉《ことば》を書《か》きましょう。

みんな□□□□
みんな□□。

敬語《けいご》(1)

名前

(1) 敬語《けいご》には、次《つぎ》の三種類《さんしゅるい》があります。説明《せつめい》の文《ぶん》を下《した》から選《えら》んで——線《せん》で結《むす》びましょう。

㋐ 尊敬語《そんけいご》 •

㋑ けんじょう語《ご》 •

㋒ ていねい語《ご》 •

• 自分《じぶん》や身内《みうち》の動作《どうさ》を低《ひく》めることで、相手《あいて》や話題《わだい》になっている人《ひと》に敬意《けいい》を表《あらわ》す言《い》い方《かた》。

• ことがらをていねいに言《い》う言《い》い方《かた》。

• 話《はな》す相手《あいて》や、話題《わだい》になっている人《ひと》を高《たか》めることで、その人《ひと》に敬意《けいい》を表《あらわ》す言《い》い方《かた》。

(2) 次《つぎ》の文《ぶん》には、どの種類《しゅるい》の敬語《けいご》が使《つか》われていますか。□から選《えら》んで、（　）に㋐㋑㋒の記号《きごう》を書《か》きましょう。

① 夕食《ゆうしょく》を食《た》べます。（　　）

② 夕食《ゆうしょく》をいただく。（　　）

③ 夕食《ゆうしょく》をめしあがる。（　　）

㋐ 尊敬語《そんけいご》
㋑ けんじょう語《ご》
㋒ ていねい語《ご》

敬語《けいご》(2)

名前

(1) 次《つぎ》の文《ぶん》には、㋐尊敬語《そんけいご》、㋑けんじょう語《ご》、㋒ていねい語《ご》のどの種類《しゅるい》の敬語《けいご》が使《つか》われていますか。（　）に㋐・㋑・㋒の記号《きごう》を書《か》きましょう。

① （ア）先生《せんせい》がおっしゃる。

② （　）先生《せんせい》が言《い》います。

③ （　）先生《せんせい》に申《もう》し上《あ》げる。

④ （　）家《いえ》にうかがう。

⑤ （　）家《いえ》にいらっしゃる。

⑥ （　）家《いえ》に行《い》きます。

(2) 次《つぎ》の——線《せん》を引《ひ》いた敬語《けいご》の意味《いみ》に○をつけましょう。

① お客様《きゃくさま》が、昼食《ちゅうしょく》をめしあがる。

（　）作《つく》る。　（○）食《た》べる。　（　）買《か》う。

② 先生《せんせい》が手紙《てがみ》をくださる。

（　）くれる。　（　）落《お》とす。　（　）やぶる。

③ そちらへまいります。

（　）待《ま》つ。　（　）帰《かえ》る。　（　）行《い》く。

敬語《けいご》 (3) ── 尊敬語《そんけいご》

名前

● 尊敬語《そんけいご》には、次《つぎ》のような言《い》い方《かた》があります。──線《せん》の言葉《ことば》にあてはまる尊敬語《そんけいご》を[　]から選《えら》んで[　]に書《か》きましょう。

① 特別《とくべつ》な言葉《ことば》を使《つか》う言《い》い方《かた》

㋐ 山田《やまだ》さんが絵《え》を見《み》る。

↓ 山田《やまだ》さんが絵《え》を［ごらんになる］。

㋑ 王様《おうさま》が朝食《ちょうしょく》を食《た》べる。

↓ 王様《おうさま》が朝食《ちょうしょく》を［　　　］。

② 「お（ご）…になる」という言《い》い方《かた》

㋐ 校長先生《こうちょうせんせい》が出発《しゅっぱつ》する。

↓ 校長先生《こうちょうせんせい》が［　　　］。

㋑ たくさんの人《ひと》が利用《りよう》する店《みせ》。

↓ たくさんの人《ひと》が［　　　］店《みせ》。

めしあがる　ごらんになる　ご利用《りよう》になる　ご出発《しゅっぱつ》になる

※尊敬語の学習の際はP53「敬語（4）──尊敬語」のページとあわせてご使用ください。

敬語《けいご》（4）――尊敬語《そんけいご》

名前

● 尊敬語《そんけいご》には、次《つぎ》のような言《い》い方《かた》があります。――線《せん》の言葉《ことば》にあてはまる尊敬語《そんけいご》を［　］から選《えら》んで［　］に書《か》きましょう。

① 「れる」「られる」をそえる言《い》い方《かた》

㋐ 王様《おうさま》が朝食《ちょうしょく》を食《た》べる。

↓王様《おうさま》が朝食《ちょうしょく》を［食べられる］。

㋑ 先生《せんせい》が言《い》う。

↓先生《せんせい》が［　　　　］。

② 「お」や「ご」を付《つ》ける言《い》い方《かた》

㋐ たん生日《じょうび》を祝《いわ》う。

↓［　　　　］を祝《いわ》う。

㋑ 先生《せんせい》の意見《いけん》。

↓先生《せんせい》の［　　　　］。

ご意見《いけん》　言《い》われる　食《た》べられる　おたん生日《じょうび》

※尊敬語の学習の際はP52「敬語（3）――尊敬語」のページとあわせてご使用ください。

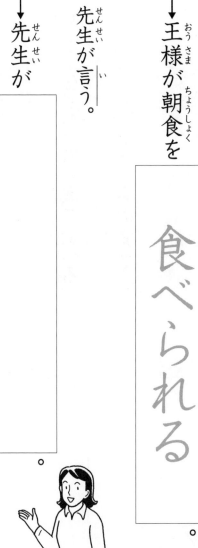

敬語《けいご》 (5) ――けんじょう語《ご》

名前

● けんじょう語《ご》には、次《つぎ》のような言《い》い方《かた》があります。――線《せん》の言葉《ことば》にあてはまるけんじょう語《ご》を［　］から選《えら》んで［　］に書《か》きましょう。

(1) 特別《とくべつ》な言葉《ことば》を使《つか》う言《い》い方《かた》

㋐ 今《いま》からそちらへ行《い》く。

↓今《いま》からそちらへ［うかがう］。

㋑ 市長《しちょう》に考《かんが》えを言《い》う。

↓市長《しちょう》に考《かんが》えを［　　　］。

㋒ 昼《ひる》ごはんを友《とも》だちの家《いえ》で食《た》べる。

↓昼《ひる》ごはんを友《とも》だちの家《いえ》で［　　　］。

㋓ 先日《せんじつ》の手紙《てがみ》を見《み》る。

↓先日《せんじつ》の手紙《てがみ》を［　　　］。

㋔ 次回《じかい》会《あ》うのが楽《たの》しみです。

↓次回《じかい》［　　　］のが楽《たの》しみです。

うかがう	いただく	申《もう》しあげる	お目《め》にかかる	はい見《けん》する

※けんじょう語の学習の際は P55「敬語（6）――けんじょう語」のページとあわせてご使用ください。

敬語《けいご》(6)――けんじょう語《ご》

名前

● けんじょう語《ご》には、次《つぎ》のような言《い》い方《かた》があります。――線《せん》の言葉《ことば》にあてはまるけんじょう語《ご》を[　]から選《えら》んで[　]に書《か》きましょう。

①「お（ご）…する」という言《い》い方《かた》

㋐ 校内《こうない》を案内《あんない》する。

↓ 校内《こうない》を [ご案内する]。

㋑ 荷物《にもつ》の配達《はいたつ》を願《ねが》う。

↓ 荷物《にもつ》の配達《はいたつ》を [　　　　]。

㋒ お客様《きゃくさま》を見送《みおく》る。

↓ お客様《きゃくさま》を [　　　　]。

お見送《みおく》りする	ご案内《あんない》する	お願《ねが》いする

※けんじょう語の学習の際は P54「敬語（5）――けんじょう語」のページとあわせてご使用ください。

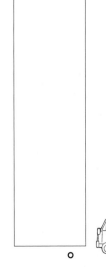

敬語《けいご》 (7) ―― ていねい語《ご》

名前

● ていねい語《ご》には、次《つぎ》のような言《い》い方《かた》があります。――線《せん》の言葉《ことば》を
ていねい語《ご》にして□に書《か》きましょう。

① 「です」「ます」を使《つか》う言《い》い方《かた》

㋐ これは母《はは》の持《も》ち物《もの》だ。

→これは母《はは》の［持ち物です］。

㋑ 今日《きょう》の夕食《ゆうしょく》は父《ちち》が作《つく》る。

→今日《きょう》の夕食《ゆうしょく》は父《ちち》が［　　］。

② 「ございます」を使《つか》う言《い》い方《かた》

・あちらに出口《でぐち》があります。

→あちらに出口《でぐち》が［　　］。

※ていねい語の学習の際はP57「敬語（8）――ていねい語」のページとあわせてご使用ください。

敬語《けいご》 (8) ―― ていねい語《ご》

名前

● ていねい語《ご》には、次《つぎ》のような言《い》い方《かた》があります。――線《せん》の言葉《ことば》をていねい語《ご》にして □ に書《か》きましょう。

① 「お」や「ご」を付《つ》ける言《い》い方《かた》

㋐ 客《きゃく》に熱《あつ》い茶《ちゃ》を出《だ》す。

↓ [お客] に熱《あつ》い [　　] を出《だ》す。

㋑ ほうびに金《かね》をもらう。

↓ [　　] に [　　] をもらう。

㋒ さとうをたくさん入《い》れて、ミルクを飲《の》む。

↓ [　　] をたくさん入《い》れて、ミルクを飲《の》む。

㋓ ガイドが案内《あんない》します。

↓ ガイドが [　　] します。

※ていねい語の学習の際は P56「敬語（7)――ていねい語」のページとあわせてご使用ください。

敬語《けいご》（9）

名前

(1) 次《つぎ》の言葉《ことば》の尊敬語《そんけいご》を考《かんが》えます。上《うえ》の言葉《ことば》にあてはまる尊敬語《そんけいご》を下《した》から選《えら》び——線《せん》で結《むす》びましょう。

① 行《い》く・
② 言《い》う・
③ 見《み》る・
④ 食《た》べる・

・おっしゃる　言《い》われる
・いらっしゃる　行《い》かれる
・めしあがる
・ごらんになる　見《み》られる

(2) 次《つぎ》の言葉《ことば》のけんじょう語《ご》を考《かんが》えます。上《うえ》の言葉《ことば》にあてはまるけんじょう語《ご》を下《した》から選《えら》び——線《せん》で結《むす》びましょう。

① 会《あ》う・
② 言《い》う・
③ 行《い》く・
④ 食《た》べる・

・いただく
・お目《め》にかかる　お会《あ》いする
・申《もう》しあげる
・参《まい》る　うかがう

敬語《けいご》 (10)

名前

● 文中《ぶんちゅう》の――線《せん》の言葉《ことば》を（　）に示《しめ》した敬語《けいご》にして□に文《ぶん》を書《か》きましょう。□の言葉《ことば》を参考《さんこう》にしましょう。

① このボールをあげます。（けんじょう語《ご》）

このボールをさしあげます。

② もうすぐ雨《あめ》がふりそうだ。（ていねい語《ご》）

。

③ 先生《せんせい》が体育館《たいいくかん》に来《く》る。（尊敬語《そんけいご》）

。

来《こ》られる　さしあげます　ふりそうです

敬語《けいご》 (11)

名前

● 次《つぎ》の文《ぶん》の——線《せん》の言葉《ことば》を、敬語《けいご》〈尊敬語《そんけいご》〉に直《なお》して□に書《か》きましょう。
□の言葉《ことば》を参考《さんこう》にしましょう。

(1)

① お客《きゃく》さんがうちに来《く》る。

いらっしゃる。

② 先生《せんせい》がみんなに言《い》う。

。

いらっしゃる　おっしゃる

(2)

① 近所《きんじょ》の人《ひと》がおみやげをくれる。

。

② 山田《やまだ》さんが昼食《ちゅうしょく》を食《た》べる。

。

③ この銀行《ぎんこう》は、多《おお》くの人《ひと》が利用《りよう》する。

。

めしあがる　ご利用《りよう》になる　くださる

敬語《けいご》 (12)

名前

● 次《つぎ》の文《ぶん》の――線《せん》の言葉《ことば》を、敬語《けいご》〈けんじょう語《ご》〉に直《なお》して□に書《か》きましょう。□の言葉《ことば》を参考《さんこう》にしましょう。

(1)

① ぜひ一度《いちど》会《あ》いたい。

お目にかかりたい

② そちらに午後《ごご》に行《い》きます。

お目《め》にかかりたい　参《まい》ります

(2)

① 進級《しんきゅう》のお祝《いわ》いをもらう。

② 校長先生《こうちょうせんせい》にたずねる。

③ 一時間位《いちじかんくらい》、待《ま》ちます。

いただく　おたずねする　お待《ま》ちします

一つ《ひと》の漢字《かんじ》にいろいろな音《おん》
——漢字《かんじ》の読《よ》み方《かた》と使《つか》い方《かた》 (1)

名前

(1) 次《つぎ》の（　）に‖線《せん》と—線《せん》の漢字《かんじ》の読《よ》み方《かた》を書《か》きましょう。‖線《せん》の漢字《かんじ》と同《おな》じ読《よ》み方《かた》をする漢字《かんじ》を㋐㋑から選《えら》び□に○をつけましょう。

① 読書《しょ》（どく）
- ㋐ □ 読本《ほん》（とく）
- ㋑ ○ 解《かい》読（どく）

② 月曜《よう》（げつ）
- ㋐ □ 一《いち》月（がつ）
- ㋑ ○ 月末《まつ》（げつ）

③ 旅《りょ》行（こう）
- ㋐ ○ 代《だい》行（こう）
- ㋑ □ 行事《じ》（ぎょう）

④ 女《じょ》子（し）
- ㋐ □ 様《よう》子（す）
- ㋑ ○ 調《ちょう》子（し）

(2) 次《つぎ》の熟語《じゅくご》の読《よ》み方《かた》を□に書《か》きましょう。

① ㋐ 方言　ほうげん　㋑ 他言　たごん

② ㋐ 黄金　おうごん　㋑ 金魚　きんぎょ

③ ㋐ 米飯　べいはん　㋑ 新米　しんまい

④ ㋐ 大漁　たいりょう　㋑ 漁船　ぎょせん

一《ひと》つの漢字《かんじ》にいろいろな音《おん》
——漢字《かんじ》の読《よ》み方《かた》と使《つか》い方《かた》 (2)

名前

(1) 次《つぎ》の( )に＝線《せん》と—線《せん》の漢字《かんじ》の読《よ》み方《かた》を□から選《えら》んで書《か》きましょう。＝線《せん》の漢字《かんじ》と同《おな》じ読《よ》み方《かた》をする漢字《かんじ》を㋐㋑から選《えら》び□に○をつけましょう。

① 読書《しょ》( )　とく　どく
㋐□ 読本《ほん》(とく)
㋑□ 解《かい》読《い》( )

② 月曜《よう》( )　げつ　がつ
㋐□ 一《いち》月( )
㋑□ 月末《まつ》( )

③ 旅《りょ》行( )　こう　ぎょう
㋐□ 代《だい》行《い》( )
㋑□ 行事《じ》( )

④ 女《じょ》子( )　す　し
㋐□ 様《よう》子( )
㋑□ 調《ちょう》子( )

(2) 次《つぎ》の—線《せん》の熟語《じゅくご》の読《よ》み方《かた》を□に書《か》きましょう。

①
㋐ 方言を使《つか》う。□
㋑ 他言は無用《むよう》だ。□

②
㋐ 黄金に実《みの》る。□
㋑ 金魚が泳《およ》ぐ。□

③
㋐ 米飯の給食《きゅうしょく》。□
㋑ 新米を食《た》べる。□

④
㋐ 今日《きょう》は大漁だ。□
㋑ 漁船が出《で》る。□

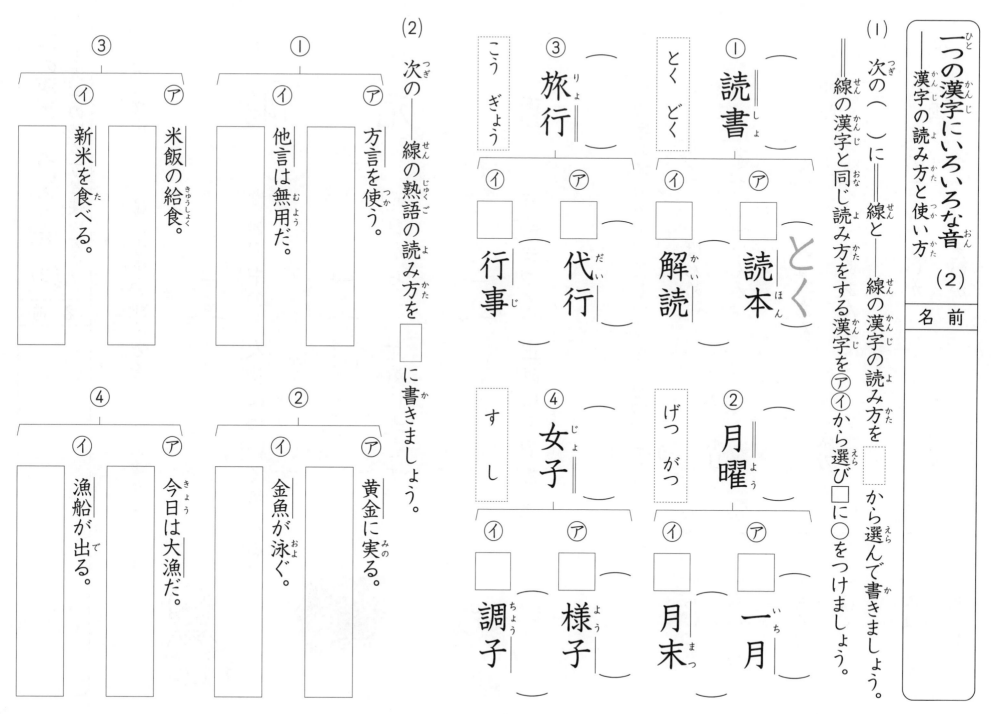

一《ひと》つの漢字《かんじ》にいろいろな音《おん》 (3)
——漢字《かんじ》の読《よ》み方《かた》と使《つか》い方《かた》

名前

(1) 次《つぎ》の文中《ぶんちゅう》の——線《せん》の漢字《かんじ》の読《よ》み方《かた》を（ ）に書《か》きましょう。

① 物

ア（もつ） 書物《しょ》の中《なか》の

イ（ぶつ） 人物《じん》について考《かんが》える。

② 元

ア（がん） 元日《じつ》から

イ（げん） 元気《き》に過《す》ごす。

③ 直

ア（ちょく） 直接《せつ》会《あ》って、

イ（じき） 正《しょう》直にあやまる。

(2) 次《つぎ》の漢字《かんじ》の読《よ》み方《かた》で、正《ただ》しい方《ほう》に○をつけましょう。

① 本名
ア（ ）ほんめい
イ（○）ほんみょう

② 来日
ア（○）らいにち
イ（ ）らいじつ

③ 明暗
ア（ ）みょうあん
イ（○）めいあん

④ 木刀
ア（ ）もくとう
イ（○）ぼくとう

⑤ 絵画
ア（○）かいが
イ（ ）えいが

⑥ 名人
ア（ ）みょうじん
イ（○）めいじん

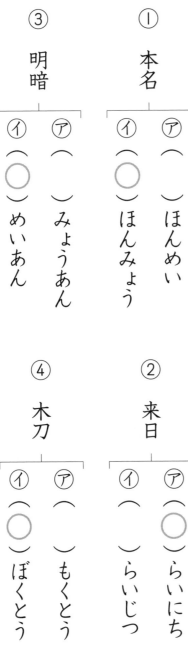

一《ひと》つの漢字《かんじ》にいろいろな音《おん》 (4)

——漢字《かんじ》の読《よ》み方《かた》と使《つか》い方《かた》

名前

(1) 次《つぎ》の文中《ぶんちゅう》の——線《せん》の漢字《かんじ》の読《よ》み方《かた》を［　］から選《えら》んで（　）に書《か》きましょう。

① 物

［もつ　ぶつ］

書物《しょ》の中《なか》の人物《じん》について考《かんが》える。

㋐（　　）　㋑（　　）

② 元

［がん　げん］

元日《じつ》から元気《き》に過《す》ごす。

㋐（　　）　㋑（　　）

③ 直

［じき　ちょく］

直接《せっ》会《あ》って、正《しょう》直にあやまる。

㋐（　　）　㋑（　　）

(2) 次《つぎ》の漢字《かんじ》の読《よ》み方《かた》で、正《ただ》しい方《ほう》に○をつけましょう。

① 本名
㋐（　）ほんめい
㋑（　）ほんみょう

② 来日
㋐（　）らいにち
㋑（　）らいじつ

③ 明暗
㋐（　）みょうあん
㋑（　）めいあん

④ 木刀
㋐（　）もくとう
㋑（　）ぼくとう

⑤ 絵画
㋐（　）かいが
㋑（　）えいが

⑥ 名人
㋐（　）みょうじん
㋑（　）めいじん

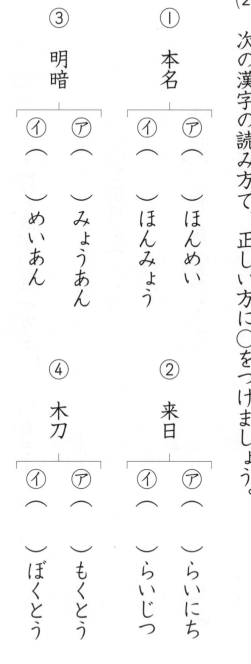

一《ひと》つの漢字《かんじ》にいろいろな音《おん》 (5)
——漢字《かんじ》の読《よ》み方《かた》と使《つか》い方《かた》

名前

● 次《つぎ》の文中《ぶんちゅう》の——線《せん》の漢字《かんじ》の読《よ》み方《かた》を□に書《か》きましょう。

①
㋐ 暗《くら》いので照明をつける。
しょうめい
㋑ 明後日にまた会《あ》いましょう。
みょうごにち

②
㋐ お話《はなし》はこれで最後です。
㋑ 後半のお話《はなし》が楽《たの》しみだ。

③
㋐ ケーキを平等に分《わ》ける。
㋑ 世界《せかい》の平和を願《ねが》う。

④
㋐ 天然の魚《さかな》を食《た》べる。
㋑ 自然豊《ゆた》かな町《まち》へ行《い》く。

一《ひと》つの漢字《かんじ》にいろいろな音《おん》 (6)

——漢字《かんじ》の読《よ》み方《かた》と使《つか》い方《かた》

名前

● 次《つぎ》の——線《せん》の漢字《かんじ》と同《おな》じ読《よ》み方《かた》をするものを下《した》の㋐㋑から選《えら》び、（　）に○をつけましょう。

① 土台《だい》
- ㋐（○）土木《ぼく》
- ㋑（　）土地《ち》

② 去年《ねん》
- ㋐（　）過《か》去
- ㋑（　）消《しょう》去

③ 形式《しき》
- ㋐（　）人《にん》形
- ㋑（　）図《ず》形

④ 合作《さく》
- ㋐（　）合体《たい》
- ㋑（　）合計《けい》

⑤ 発《はっ》言
- ㋐（　）伝《でん》言
- ㋑（　）言語《ご》

⑥ 休《きゅう》日
- ㋐（　）連《れん》日
- ㋑（　）日時《じ》

一《ひと》つの漢字《かんじ》にいろいろな音《おん》 (7)

―漢字《かんじ》の読《よ》み方《かた》と使《つか》い方《かた》

名前

(1) 次《つぎ》の□には同《おな》じ漢字《かんじ》が入《はい》ります。□から選《えら》んで書《か》きましょう。
また、できた熟語《じゅくご》の読《よ》み方《かた》を（　）に書《か》きましょう。

①
㋐ 地 下 （ちか）
㋑ 地 面 （じめん）

②
㋐ □書 （　）
㋑ □形 （　）

地　図

(2) 次《つぎ》の□には同《おな》じ漢字《かんじ》が入《はい》ります。□から選《えら》んで書《か》きましょう。
また、できた熟語《じゅくご》の読《よ》み方《かた》を（　）に書《か》きましょう。

①
㋐ 長□ （　）
㋑ □子 （　）

②
㋐ 一日□ （　）
㋑ □心 （　）

③
㋐ □調 （　）
㋑ 特□ （　）

④
㋐ □日 （　）
㋑ □気 （　）

男　色　中　元

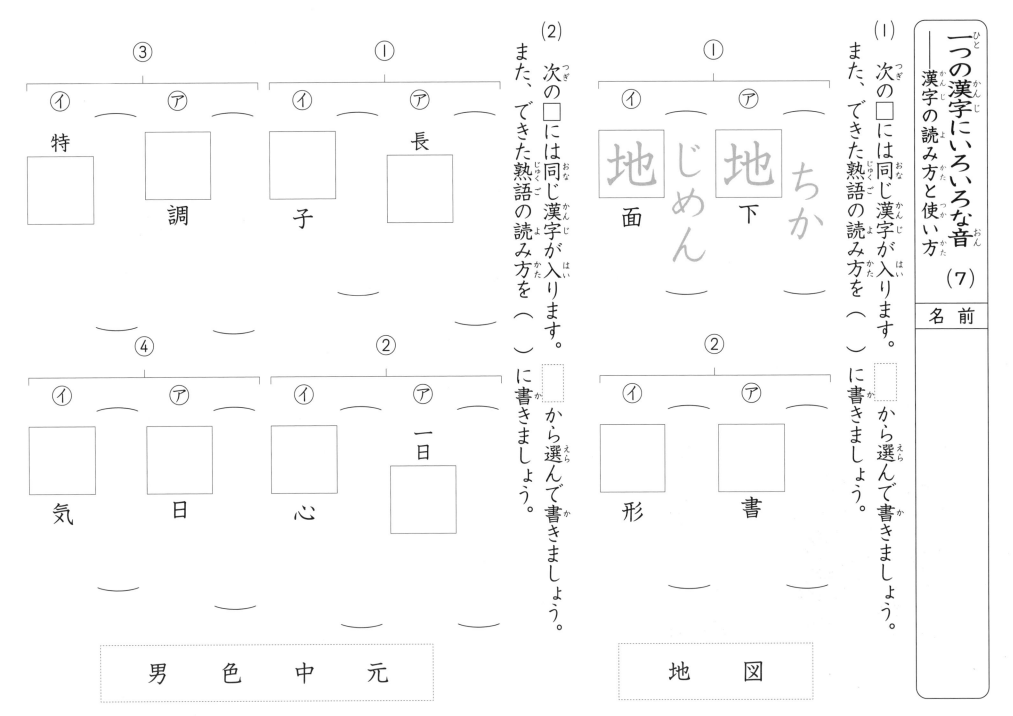

一《ひと》つの漢字《かんじ》にいろいろな音《おん》
——漢字《かんじ》の読《よ》み方《かた》と使《つか》い方《かた》　(8)

名前

● 次《つぎ》の（　）に熟語《じゅくご》の読《よ》み方《かた》を書《か》きましょう。＝線《せん》の漢字《かんじ》と同《おな》じ読《よ》み方《かた》をするものを下《した》の㋐㋑㋒から一《ひと》つ選《えら》んで、□に○をつけましょう。

① 力士（りきし）
- ㋐ □ 無力（むりょく）
- ㋑ □ 全力（ぜんりょく）
- ㋒ ○ 力作（りきさく）

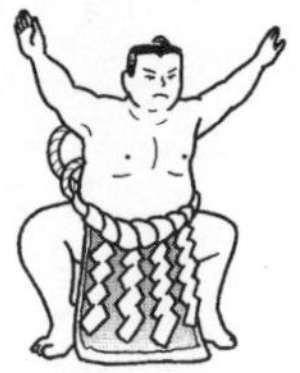

② 発言（　　）
- ㋐ □ 言動（　　）
- ㋑ □ 伝言（　　）
- ㋒ □ 無言（　　）

③ 時間（　　）
- ㋐ □ 広間（　　）
- ㋑ □ 空間（　　）
- ㋒ □ 人間（　　）

④ 行列（　　）
- ㋐ □ 銀行（　　）
- ㋑ □ 行動（　　）
- ㋒ □ 改行（　　）

一《ひと》つの漢字《かんじ》にいろいろな音《おん》
——漢字《かんじ》の読《よ》み方《かた》と使《つか》い方《かた》　(9)

名前

● 次《つぎ》の□には同《おな》じ漢字《かんじ》が入《はい》ります。□から選《えら》んで上《うえ》の□に書《か》きましょう。

① 留

□《りゅう》学《がく》　□《る》守《す》番《ばん》　□《りゅう》意《い》

② □

□《か》族《ぞく》　□《か》計《けい》　□《け》来《らい》

③ □

音《おん》□《どく》　□《どく》書《しょ》　□《とく》本《ほん》

④ □

□《へい》和《わ》　□《びょう》等《どう》　□《へい》行《こう》

読　平　留　家

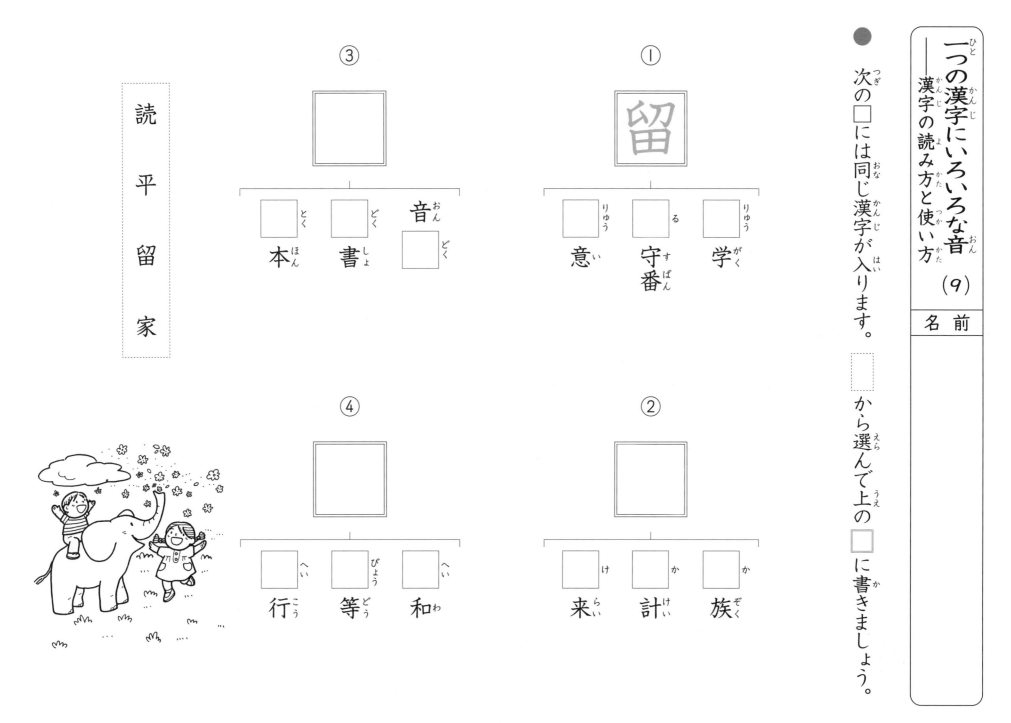

一《ひと》つの漢字《かんじ》にいろいろな音《おん》
——漢字《かんじ》の読《よ》み方《かた》と使《つか》い方《かた》 (10)

名前

● 〈例《れい》〉にならって□にあてはまる漢字《かんじ》を［　］から選《えら》んで書《か》き入《い》れ、四《よっ》つの熟語《じゅくご》を作《つく》りましょう。作《つく》った熟語《じゅくご》を下《した》の（　）に書《か》きましょう。

〈例《れい》〉
- 上：式（↑）
- 左：修 →
- 中：正
- 右：→ 月
- 下：直（↓）

（正式）（正直）（正月）（修正）

①
- 上：章（↑）
- 左：作 →
- 中：□
- 右：→ 学
- 下：化（↓）

（文章）（　）（　）（　）

②
- 上：上（↓）
- 左：地 →
- 中：□
- 右：→ 流
- 下：水（↓）

（上下）（　）（　）（　）

③
- 上：前（↓）
- 左：午 →
- 中：□
- 右：→ 半
- 下：期（↓）

（前後）（　）（　）（　）

［後　文　下］

特別《とくべつ》な読《よ》み方《かた》をする漢字《かんじ》
——漢字《かんじ》の読《よ》み方《かた》と使《つか》い方《かた》（1）

名前

● 次《つぎ》の文中《ぶんちゅう》の——線《せん》の漢字《かんじ》の読《よ》み方《かた》を□から選《えら》んで□に書《か》きましょう。

①

㋐ 七夕かざりを作《つく》る。

たなばた

㋑ 医学《いがく》博士に会《あ》う。

㋒ 今日は遠足《えんそく》だ。

㋓ 友達《ともだち》が二人来《く》る。

ふたり　きょう　はかせ　たなばた

②

㋐ 八百屋へ行《い》く。

やおや

㋑ 清水がわく。

㋒ 果物を食《た》べる。

㋓ 時計を見《み》る。

㋔ 歌《うた》が上手だ。

㋕ 川原で遊《あそ》ぶ。

くだもの　じょうず　やおや　しみず　とけい　かわら

特別《とくべつ》な読《よ》み方《かた》をする漢字《かんじ》
——漢字《かんじ》の読《よ》み方《かた》と使《つか》い方《かた》 (2)

名前

● 次《つぎ》の特別《とくべつ》な読《よ》み方《かた》をする漢字《かんじ》の正《ただ》しい読《よ》み方《かた》を、㋐㋑から選《えら》んで（　）に○をつけましょう。

① 迷子
- ㋐（○）まいご
- ㋑（　）めいご

② 今朝
- ㋐（　）こんあさ
- ㋑（　）けさ

③ 昨日
- ㋐（　）おととい
- ㋑（　）きのう

④ 一人
- ㋐（　）ひとり
- ㋑（　）ふたり

⑤ 眼鏡
- ㋐（　）めがね
- ㋑（　）めかがみ

⑥ 部屋
- ㋐（　）へや
- ㋑（　）ぶや

⑦ 一日
- ㋐（　）いっか
- ㋑（　）ついたち

⑧ 下手
- ㋐（　）じょうず
- ㋑（　）へた

特別《とくべつ》な読《よ》み方《かた》をする漢字《かんじ》
——漢字《かんじ》の読《よ》み方《かた》と使《つか》い方《かた》 (3)

名前

● 次《つぎ》の——線《せん》の漢字《かんじ》の読《よ》み方《かた》を□から選《えら》んで（　）に書《か》きましょう。

①

㋐ 友達は（ともだち）眼鏡をかけている。（　）

㋑ デパートで、妹《いもうと》が迷子になった。（　）

めがね　ともだち　まいご

②

㋐ 八百屋で大根《だいこん》を買《か》いました。（　）（　）

㋑ わたしは果物が大好《だいす》きです。（　）

㋒ 二人ともサッカーが上手だ。（　）（　）

くだもの　じょうず　ふたり　やおや

特別《とくべつ》な読《よ》み方《かた》をする漢字《かんじ》
——漢字《かんじ》の読《よ》み方《かた》と使《つか》い方《かた》 (4)

名前

● 次《つぎ》の漢字《かんじ》の読《よ》み方《かた》を下《した》から選《えら》び——線《せん》で結《むす》びましょう。

①
- ㋐ 大人 ・　　・ ふたり
- ㋑ 一人 ・　　・ おとな
- ㋒ 二人 ・　　・ ひとり

②
- ㋐ 上手 ・　　・ へた
- ㋑ 下手 ・　　・ じょうず

③
- ㋐ 明日 ・　　・ きょう
- ㋑ 今日 ・　　・ きのう
- ㋒ 昨日 ・　　・ あす

④
- ㋐ 一日 ・　　・ いつか
- ㋑ 二日 ・　　・ ついたち
- ㋒ 五日 ・　　・ ふつか
- ㋓ 八日 ・　　・ はつか
- ㋔ 二十日 ・　　・ ようか

特別《とくべつ》な読《よ》み方《かた》をする漢字《かんじ》

——漢字《かんじ》の読《よ》み方《かた》と使《つか》い方《かた》　(5)

名前

● 次《つぎ》の——線《せん》の読《よ》み方《かた》をする言葉《ことば》を□から選《えら》んで□に漢字《かんじ》で書《か》きましょう。

① わたしのへやは二階《にかい》です。

部屋

② たなばたのささをかざる。

③ けさは早起《はやお》きをした。

④ 兄《あに》は絵《え》をかくのがじょうずだ。

⑤ 公園《こうえん》でまいごにならないようにする。

七夕　迷子　部屋　今朝　上手

特別《とくべつ》な読《よ》み方《かた》をする漢字《かんじ》
——漢字《かんじ》の読《よ》み方《かた》と使《つか》い方《かた》 (6)

名前

● 次《つぎ》の漢字《かんじ》の読《よ》み方《かた》を［　］から選《えら》んで（　）に書《か》きましょう。

①
- ㋐ 景色（　　）
- ㋑ 八百屋（　　）
- ㋒ 真面目（　　）

［まじめ　けしき　やおや］

②
- ㋐ 真っ赤（　　）
- ㋑ 小豆（　　）
- ㋒ 土産（　　）

［まっか　みやげ　あずき］

③
- ㋐ 浴衣（　　）
- ㋑ 梅雨（　　）
- ㋒ 木綿（　　）

［つゆ　もめん　ゆかた］

④
- ㋐ 五月雨（　　）
- ㋑ 日和（　　）
- ㋒ 行方（　　）

［さみだれ　ゆくえ　ひより］

複《ふく》合《ごう》語《ご》　(1)

名前

● 複《ふく》合《ごう》語《ご》には次《つぎ》のようなものがあります。□にあてはまる言葉《ことば》を書《か》きましょう。

① 和《わ》語《ご》と和《わ》語《ご》の組《く》み合《あ》わせ
〈例《れい》〉早《はや》起《お》き
夏休み

② 漢《かん》語《ご》と漢《かん》語《ご》の組《く》み合《あ》わせ
〈例《れい》〉輸《ゆ》入《にゅう》品《ひん》
家族旅行

③ 漢《かん》語《ご》と和《わ》語《ご》との組《く》み合《あ》わせ
〈例《れい》〉年《ねん》賀《が》 はがき
運動ぐつ

④ 外《がい》来《らい》語《ご》と外《がい》来《らい》語《ご》との組《く》み合《あ》わせ
〈例《れい》〉オレンジ ジュース
ミートソース

⑤ 外《がい》来《らい》語《ご》と和《わ》語《ご》との組《く》み合《あ》わせ
〈例《れい》〉スープ 皿《ざら》
スタート台

⑥ 漢《かん》語《ご》と外《がい》来《らい》語《ご》との組《く》み合《あ》わせ
〈例《れい》〉電《でん》子《し》 メール
研究テーマ

複《ふく》合《ごう》語《ご》 (2)

名前

● 複合語《ふくごうご》には次《つぎ》のようなものがあります。□から選《えら》んで□に書《か》きましょう。

①

㋐ 和語《わご》と和語《わご》の組《く》み合《あ》わせ 〈例《れい》〉早《はや》起《お》き

夏休み

㋑ 漢語《かんご》と漢語《かんご》の組《く》み合《あ》わせ 〈例《れい》〉輸入《ゆにゅう》品《ひん》

㋒ 漢語《かんご》と和語《わご》との組《く》み合《あ》わせ 〈例《れい》〉年賀《ねんが》はがき

運動《うんどう》ぐつ　家族《かぞく》旅行《りょこう》　夏《なつ》休《やす》み

②

㋐ 外来語《がいらいご》と外来語《がいらいご》との組《く》み合《あ》わせ 〈例《れい》〉オレンジ ジュース

㋑ 外来語《がいらいご》と和語《わご》との組《く》み合《あ》わせ 〈例《れい》〉スープ 皿《ざら》

㋒ 漢語《かんご》と外来語《がいらいご》との組《く》み合《あ》わせ 〈例《れい》〉電子《でんし》 メール

スタート 台《だい》　ミート ソース　研究《けんきゅう》 テーマ

複合語《ふくごうご》 (3)

名前

● [ ] の中《なか》から言葉《ことば》を選《えら》んで[ ]に書《か》き、文《ぶん》に合《あ》う複合語《ふくごうご》を作《つく》りましょう。

① 「飛《と》び…」と組《く》み合《あ》わせた複合語《ふくごうご》を考《かんが》えましょう。

㋐ 夜中《よなか》にかみなりの音《おと》におどろいて飛《と》び[ ]。

㋑ 馬《うま》がさくを飛《と》び[ ]。

㋒ ちょうが花畑《はなばたけ》を飛《と》び[ ]。

こえる　回《まわ》る　起《お》きる

② 「——合《あ》う」と組《く》み合《あ》わせた複合語《ふくごうご》を考《かんが》えましょう。

㋐ 海《うみ》の水《みず》と川《かわ》の水《みず》が[ ]合《あ》う。

㋑ 係《かかり》の仕事《しごと》についてみんなで[ ]合《あ》う。

㋒ むずかしい問題《もんだい》を友達《ともだち》と[ ]合《あ》う。

話《はな》し　教《おし》え　混《ま》ざり

複合語《ふくごうご》（4）

名前

(1) 次《つぎ》の二《ふた》つの言葉《ことば》を組《く》み合《あ》わせて複合語《ふくごうご》を作《つく》り□にひらがなで書《か》きましょう。

① 体《たい》そう ＋ 服《ふく》 → たいそうふく

② 防災《ぼうさい》 ＋ ずきん →

③ 年賀《ねんが》 ＋ はがき →

(2) 複合語《ふくごうご》になるとき、もとの言葉《ことば》と発音《はつおん》が変《か》わることに気《き》をつけて、次《つぎ》の言葉《ことば》を組《く》み合《あ》わせてできる複合語《ふくごうご》を□にひらがなで書《か》きましょう。

① 本《ほん》 ＋ 箱《はこ》 → ほんばこ

② 雨《あめ》 ＋ 水《みず》 →

③ 草《くさ》 ＋ 花《はな》 →

(3) 次《つぎ》の複合語《ふくごうご》を【動詞《どうし》】と【名詞《めいし》】の言葉《ことば》に分《わ》けて□に書《か》きましょう。

① 落《お》ち葉《ば》 → 【動詞《どうし》】落ちる ＋ 【名詞《めいし》】葉

② 消《け》しゴム → 【動詞《どうし》】 ＋ 【名詞《めいし》】

③ なわとび → 【名詞《めいし》】 ＋ 【動詞《どうし》】

複合語《ふくごうご》 (5)

名前

(1) 次《つぎ》の二《ふた》つの言葉《ことば》を組《く》み合《あ》わせて複合語《ふくごうご》を作《つく》り□に漢字《かんじ》で書《か》きましょう。

① 青《あお》い ＋ 空《そら》 → 青空

② 太《ふと》い ＋ 字《じ》 → □

③ 細《ほそ》い ＋ ひも → □

(2) 次《つぎ》の二《ふた》つの言葉《ことば》を組《く》み合《あ》わせて複合語《ふくごうご》を作《つく》り□に漢字《かんじ》で書《か》きましょう。

① 物《もの》 ＋ 語《かた》る → 物語

② 遠《とお》い ＋ 回《まわ》る → □

③ 遠《とお》い ＋ 浅《あさ》い → □

(3) 次《つぎ》の二《ふた》つの言葉《ことば》を組《く》み合《あ》わせて複合語《ふくごうご》を作《つく》り□にひらがなで書《か》きましょう。

① あわ ＋ 立《た》つ → あわだつ

② 旅《たび》 ＋ 立《た》つ → □

③ 手《て》 ＋ かける → □

④ 名《な》 ＋ つける → □

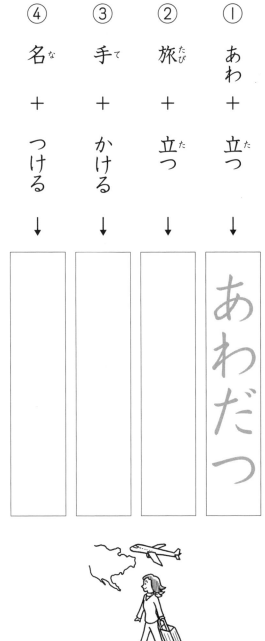

複合語《ふくごうご》(6)

名前

(1) 次《つぎ》の複合語《ふくごうご》をもとの二《ふた》つの言葉《ことば》に分《わ》けて□に書《か》きましょう。

① 見《み》送《おく》る → 見る ＋ 送る

② 切《き》り開《ひら》く → □ ＋ □

③ 持《も》ち上《あ》げる → □ ＋ □

④ 書《か》き写《うつ》す → □ ＋ □

(2) 次《つぎ》の複合語《ふくごうご》をもとの二《ふた》つの言葉《ことば》に分《わ》けて□に書《か》きましょう。

① 若返《わかがえ》る → 若い ＋ 返る

② 長《なが》引《び》く → □ ＋ □

③ 多《おお》過《す》ぎる → □ ＋ □

④ 近《ちか》寄《よ》る → □ ＋ □

複《ふく》合《ごう》語《ご》 (7)

名前

(1) 次《つぎ》の二《ふた》つの言葉《ことば》を組《く》み合《あ》わせて複合語《ふくごうご》を作《つく》り□に書《か》きましょう。

① 目《め》 ＋ 新《あたら》しい → 目新しい

② 口《くち》 ＋ うるさい → □

③ 塩《しお》 ＋ からい → □

④ 息《いき》 ＋ 苦《くる》しい → □

(2) 次《つぎ》の複合語《ふくごうご》をもとの二《ふた》つ言葉《ことば》に分《わ》けて□に書《か》きましょう。

① むし暑《あつ》い → むす ＋ 暑い

② 寝苦《ねぐる》しい → □ ＋ □

③ こげくさい → □ ＋ □

④ おそれ多《おお》い → □ ＋ □

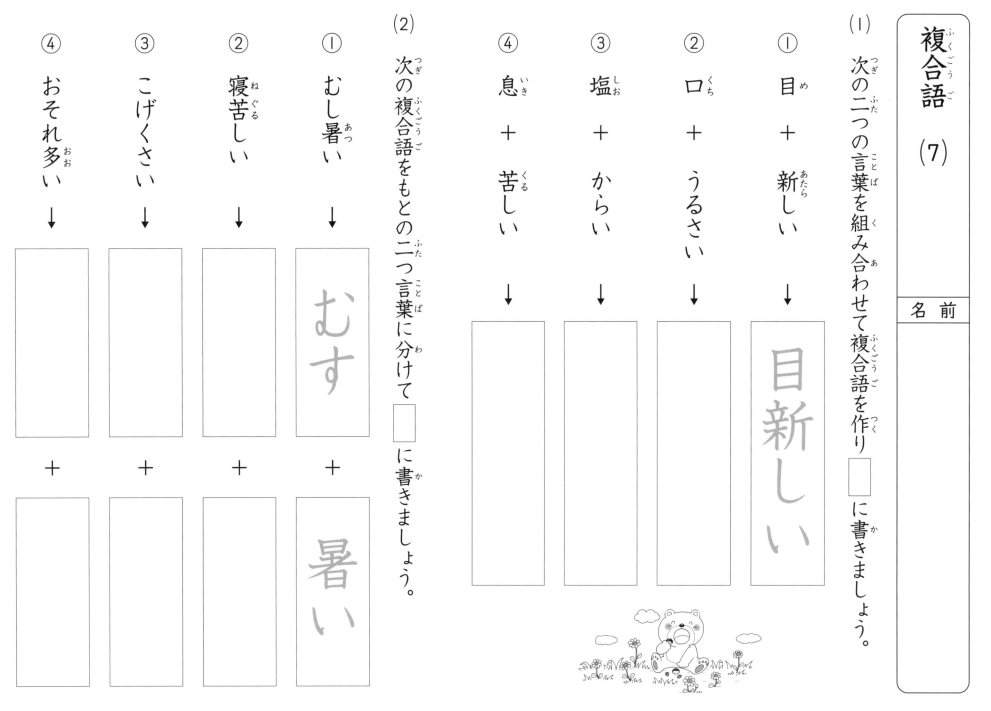

複合語《ふくごうご》 (8)

名前

(1) 次《つぎ》の二《ふた》つの言葉《ことば》を組《く》み合《あ》わせて複合語《ふくごうご》を作《つく》り□にひらがなで書《か》きましょう。

① 細《ほそ》い ＋ 長《なが》い → ほそながい

② かたい ＋ 苦《くる》しい →

③ あまい ＋ すっぱい →

④ ずるい ＋ かしこい →

(2) 次《つぎ》の二《ふた》つの言葉《ことば》を組《く》み合《あ》わせて複合語《ふくごうご》を作《つく》り□にひらがなで書《か》きましょう。

① 前《まえ》 ＋ 歯《は》 → まえば

② 船《ふね》 ＋ 旅《たび》 →

③ 白《しろ》 ＋ 波《なみ》 →

④ 花《はな》 ＋ 畑《はたけ》 →

複《ふく》合《ごう》語《ご》（9）

名前

(1) 次《つぎ》の三《みっ》つの言葉《ことば》を組《く》み合《あ》わせて複合語《ふくごうご》を作《つく》り□に書《か》きましょう。

① 音楽《おんがく》＋発表《はっぴょう》＋会《かい》 → 音楽発表会

② 乗《の》る＋かえる＋案内《あんない》 →

③ もち＋つく＋大会《たいかい》 →

④ 絵《え》＋かく＋歌《うた》 →

(2) 次《つぎ》の複合語《ふくごうご》は、下《した》の長《なが》い複合語《ふくごうご》から作《つく》られた言葉《ことば》です。上《うえ》の言葉《ことば》にあてはまる言葉《ことば》を下《した》から選《えら》び、——線《せん》で結《むす》びましょう。

① リモコン ・	・ 図画工作《ずがこうさく》
② ビー玉《だま》 ・	・ リモートコントローラー
③ 図工《ずこう》 ・	・ 教科図書《きょうかとしょ》
④ 国体《こくたい》 ・	・ ビードロ玉《だま》
⑤ 教科書《きょうかしょ》 ・	・ 国民体育大会《こくみんたいいくたいかい》

複合語《ふくごうご》 (10)

名前

● 次《つぎ》の複合語《ふくごうご》をもとの言葉《ことば》で書《か》きましょう。

① 冷《れい》とう食品工場《しょくひんこうじょう》

冷とう ＋ 食品 ＋ 工場

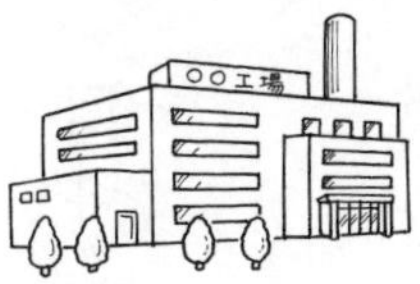

② 読書感想文《どくしょかんそうぶん》

＋ ＋

③ 試合開始時間《しあいかいしじかん》

＋ ＋

④ 開店記念売《かいてんきねんう》り出《だ》しセール

開店 ＋ ＋ ＋ ＋

⑤ 大型観光《おおがたかんこう》バス

＋ ＋

⑥ 駅前《えきまえ》ビル

＋ ＋

日本語《にほんご》の表記《ひょうき》 (1)

名前

(1) 次《つぎ》の言葉《ことば》の意味《いみ》に合《あ》う文《ぶん》を下《した》から選《えら》び——線《せん》で結《むす》びましょう。

① 表記《ひょうき》 ・　　・一字一字《いちじいちじ》が意味《いみ》を表《あらわ》す文字《もじ》

② 表意文字《ひょういもじ》 ・　　・意味《いみ》を表《あらわ》さず音《おと》だけを表《あらわ》す文字《もじ》

③ 表音文字《ひょうおんもじ》 ・　　・言葉《ことば》を文字《もじ》や記号《きごう》で表《あらわ》すこと

(2) 次《つぎ》の文字《もじ》は、下《した》のどれにあてはまりますか。［　］から選《えら》び㋐か㋑の記号《きごう》を書《か》きましょう。

① 平仮名《ひらがな》（　　）

② 片仮名《かたかな》（　　）

③ 漢字《かんじ》（　　）

㋐ 表意文字《ひょういもじ》
㋑ 表音文字《ひょうおんもじ》

(3) 次《つぎ》の文《ぶん》と〰〰線《せん》の言葉《ことば》の意味《いみ》を読《よ》んで、あてはまる漢字《かんじ》を下《した》から選《えら》び——線《せん》で結《むす》びましょう。

①
㋐ ぶたのしりょうをさがす。
【意味《いみ》】「えさ」という意味《いみ》 ・　　・資料

㋑ 研究《けんきゅう》のためのしりょうを集《あつ》める。
【意味《いみ》】調《しら》べるために参考《さんこう》にするもの ・　　・飼料

②
㋐ 農作業用《のうさぎょうよう》のきかいを借《か》りた。
【意味《いみ》】動力《どうりょく》を受《う》けて一定《いってい》の運動《うんどう》、仕事《しごと》をするもの ・　　・機会

㋑ よいきかいにめぐまれる。
【意味《いみ》】ちょうどよい折《おり》。チャンス。 ・　　・機械

日本語《にほんご》の表記《ひょうき》 (2)

——方言《ほうげん》と共通語《きょうつうご》

名前

(1) 次《つぎ》の□にあてはまる言葉《ことば》を□から選《えら》んで書《か》きましょう。

① 全国《ぜんこく》のいろいろな地方《ちほう》の人《ひと》が、意思《いし》を伝《つた》え合《あ》うために使《つか》う言葉《ことば》を［　　　］といいます。

② ある地方《ちほう》だけで使《つか》われる言葉《ことば》を［　　　］といいます。

方言《ほうげん》　共通語《きょうつうご》

(2) 次《つぎ》の文《ぶん》の中《なか》で、方言《ほうげん》について書《か》かれているものには○、そうでないものには×を（　）に書《か》きましょう。

① （　）それぞれの地域《ちいき》に住《す》む人《ひと》たちの中《なか》で、伝統的《でんとうてき》に使《つか》われてきた言葉《ことば》。

② （　）テレビのニュースや新聞《しんぶん》で用《もち》いられる言葉《ことば》。

③ （　）ふだん身《み》の回《まわ》りの人《ひと》たちと話《はな》すときの気持《きも》ちや感覚《かんかく》を伝《つた》えることができる言葉《ことば》。

④ （　）日本全国《にほんぜんこく》どこに旅行《りょこう》しても通《つう》じる言葉《ことば》。

(3) あなたがよく使《つか》う言葉《ことば》や言《い》い方《かた》を、方言《ほうげん》で書《か》きましょう。また、その言葉《ことば》は共通語《きょうつうご》では何《なん》と言《い》いますか。

方言《ほうげん》で（　　　）

共通語《きょうつうご》で（　　　）

ことわざ (1)

名前

(1) 次《つぎ》のことわざに出《で》てくる動物《どうぶつ》の名前《なまえ》を［　］から選《えら》んで［　］に書《か》きましょう。

① ［　　］の耳《みみ》に念仏《ねんぶつ》

② ［　　］も歩《ある》けばぼうに当《あ》たる

③ ［　　］寝《ね》入《い》り

④ ［　　］の尾《お》をふむ

⑤ ［　　］の手《て》も借《か》りたい

⑥ ［　　］のなみだ

ねこ　すずめ　たぬき　馬《うま》　犬《いぬ》　とら

(2) 次《つぎ》のことわざの意味《いみ》を表《あらわ》す文《ぶん》を下《した》から選《えら》び、——線《せん》で結《むす》びましょう。

① へびに蛙《かえる》　・

② えびで鯛《たい》をつる　・

③ ねこの子《こ》一匹《いっぴき》いない　・

④ さるも木《き》から落《お》ちる　・

・ 周《まわ》りに全《まった》く人《ひと》の気配《けはい》がしないことのたとえ

・ 苦手《にがて》なものや恐《おそ》ろしいものの前《まえ》に出《で》て、身《み》がすくんで動《うご》けない様子《ようす》

・ どんなに上手《じょうず》でも、ときには失敗《しっぱい》することがあるというたとえ

・ 小《ちい》さな投資《とうし》で大《おお》きな利益《りえき》を得《え》ること

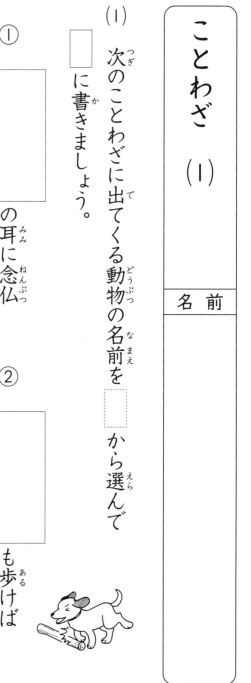

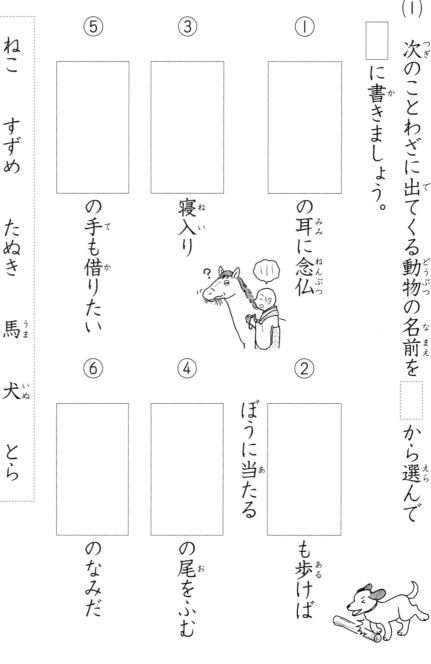

ことわざ (2)

名前

● 次《つぎ》のことわざには数字《すうじ》が使《つか》われています。あてはまる数字《すうじ》を□から選《えら》んで□に書《か》きましょう。

① 一《いち》か□か……うまくいくかどうか分《わ》からないが、運《うん》を天《てん》に任《まか》せて思《おも》い切《き》ってやってみる様子《ようす》。

② □階《かい》から目薬《めぐすり》……もどかしくて思《おも》うようなききめがないこと。

③ 石《いし》の上《うえ》にも□年《ねん》……どんなことでもしんぼうして続《つづ》ければいつかは成功《せいこう》する。

④ 親《おや》の□光《ひか》り……親《おや》のお陰《かげ》で子《こ》どもにはそれほど実力《じつりょく》がないのに世間《せけん》で重《おも》んじられること。

⑤ 酒《さけ》は□薬《やく》の長《ちょう》……酒《さけ》は適量《てきりょう》であれば、どんな良薬《りょうやく》よりも健康《けんこう》に良《よ》いものだ。

⑥ 十人《じゅうにん》□色《いろ》……好《この》み、考《かんが》え、性格《せいかく》など、人《ひと》によってそれぞれちがうこと。

二　八　三　百　十　七

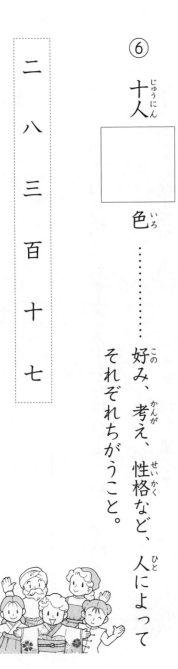

ことわざ (3)

名前

(1) 次《つぎ》のことわざの意味《いみ》を表《あらわ》す文《ぶん》を下《した》から選《えら》び――線《せん》で結《むす》びましょう。

① 猿《さる》も木《き》から落《お》ちる ・　・ 不運《ふうん》が重《かさ》なること。

② 泣《な》きっ面《つら》に蜂《はち》 ・　・ 価値《かち》の分《わ》からない者《もの》に貴重《きちょう》なものを与《あた》えても役《やく》に立《た》たないこと。

③ 石《いし》の上《うえ》にも三年《さんねん》 ・　・ 名人《めいじん》でも失敗《しっぱい》すること。

④ 猫《ねこ》に小判《こばん》 ・　・ 小《ちい》さなことも続《つづ》ければ大《おお》きな成果《せいか》を生《う》むこと。

(2) □にあてはまる言葉《ことば》を□から選《えら》んで書《か》き入《い》れ、ことわざを完成《かんせい》させましょう。

① 頭《あたま》かくして□かくさず

② かわいい子《こ》には□をさせよ

③ 花《はな》より□

④ 焼《や》け石《いし》に□

水《みず》　だんご　旅《たび》　しり

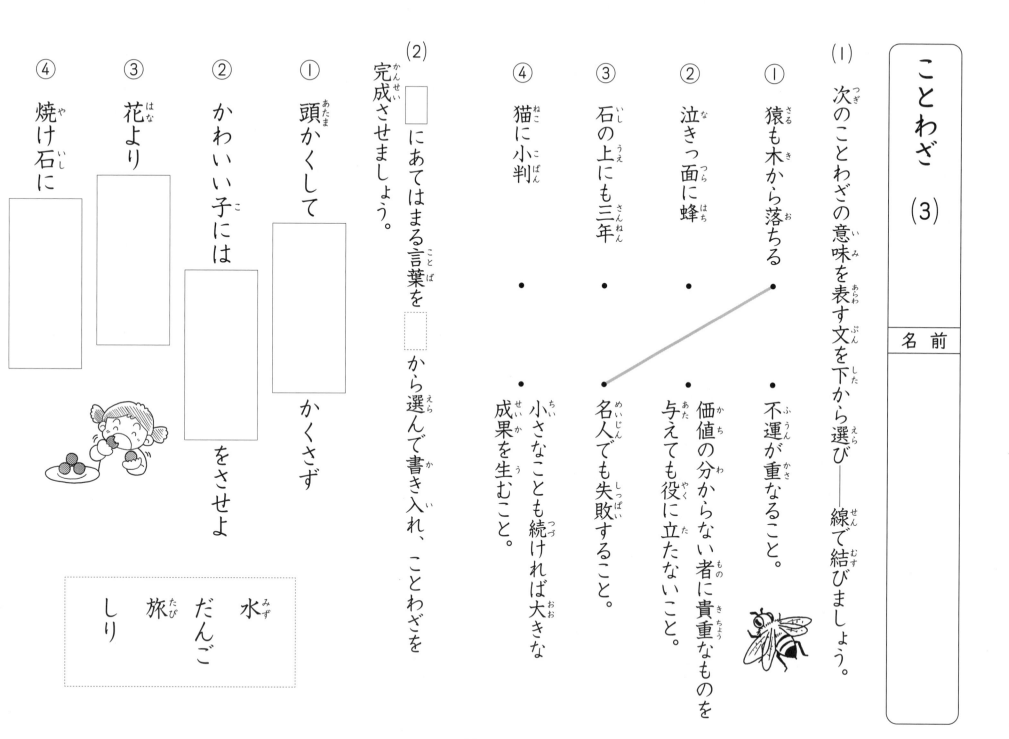

ことわざ (4)

名前

次《つぎ》のことわざの□にあてはまる言葉《ことば》を□から選《えら》んで書《か》きましょう。

① 後《あと》は野《の》となれ □ となれ

川《かわ》　山《やま》　谷《たに》

② アブ □ とらず

ハエ　ハチ　アリ

③ □ をたたいて渡《わた》る

つり橋《ばし》　かけ橋《はし》　石橋《いしばし》

④ 月《つき》と □

スッポン　太陽《たいよう》　カメ

⑤ □ の歩《あゆ》み

馬《うま》　牛《うし》　とら

⑥ □ に小判《こばん》

ぶた　ねこ　馬《うま》

ことわざ (5)

名前

● 次《つぎ》のことわざの□にあてはまる言葉《ことば》を⬚から選《えら》んで書《か》きましょう。
また、そのことわざの意味《いみ》を下《した》から選《えら》んで——線《せん》で結《むす》びましょう。

①

㋐ 能《のう》あるたかは□をかくす
㋑ たなから□
㋒ □の川流《かわなが》れ

ぼたもち　つめ　かっぱ

- 思《おも》いがけない幸運《こううん》に恵《めぐ》まれること。
- その道《みち》の名人《めいじん》でさえ失敗《しっぱい》することがある。
- すぐれた能力《のうりょく》のある人《ひと》はそれをひけらかしたりしないということのたとえ。

②

㋐ どんぐりの□
㋑ おにに□
㋒ 青菜《あおな》に□

せいくらべ　塩《しお》　かなぼう

- どれもみな同《おな》じでぬきん出《で》たものがない。
- 元気《げんき》だった者《もの》がすっかりしょげてしまう様子《ようす》。
- ただでさえ強《つよ》いものがさらにパワーアップすること。

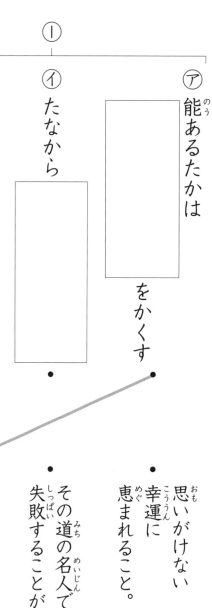

慣用句《かんようく》 (1)

名前

(1) 「足《あし》が出《で》る」について次《つぎ》の問《と》いに答《こた》えましょう。

① 慣用句《かんようく》としての意味《いみ》が書《か》かれているものに○をつけましょう。

（　）予算《よさん》、または収入《しゅうにゅう》を超《こ》えた支出《ししゅつ》になる。

（　）足《あし》が何《なに》かから飛《と》び出《だ》す。

② 慣用句《かんようく》として正《ただ》しく使《つか》われている文《ぶん》に、○をつけましょう。

（　）ふとんから足《あし》が出《で》る。

（　）たくさんの買《か》い物《もの》をして足《あし》が出《で》る。

(2) 次《つぎ》の慣用句《かんようく》の意味《いみ》を表《あらわ》している文《ぶん》の（　）に、○をつけましょう。

① 赤《あか》の他人《たにん》

（　）赤《あか》い服《ふく》を着《き》たとなりの人《ひと》。

（　）全《まった》く関《かか》わりのない完全《かんぜん》な他人《たにん》。

② 頭《あたま》を冷《ひ》やす

（　）興奮《こうふん》した気持《きも》ちを落《お》ち着《つ》かせ、冷静《れいせい》になる。

（　）熱《ねつ》が出《で》たので氷《こおり》で頭《あたま》を冷《ひ》やす。

③ 板《いた》につく

（　）まな板《いた》に材料《ざいりょう》をのせる。

（　）経験《けいけん》を重《かさ》ね、態度《たいど》や物腰《ものごし》が役割《やくわり》にしっくり合《あ》う。

④ 味《あじ》をしめる

（　）一度《いちど》うまくいったことを忘《わす》れられず、次《つぎ》も同様《どうよう》に期待《きたい》する。

（　）魚《さかな》の鮮度《せんど》を保《たも》つためにすること。

慣用句《かんようく》 (2)

名前

(1) 次《つぎ》の慣用句《かんようく》は、体《からだ》の部分《ぶぶん》を使《つか》った慣用句《かんようく》です。□に入《はい》る言葉《ことば》を□から選《えら》んで書《か》きましょう。

①

㋐ □ がかたい／が切《き》れる

㋑ □ がない／の色《いろ》を変《か》える

㋒ □ にかける／が高《たか》い

目《め》　鼻《はな》　頭《あたま》

②

㋐ □ が広《ひろ》い／にどろをぬる

㋑ □ が重《おも》い／をはさむ

㋒ □ がいたい／をかたむける

耳《みみ》　口《くち》　顔《かお》

(2) 下《した》の【意味《いみ》】の文《ぶん》を読《よ》みましょう。次《つぎ》に、【慣用句《かんようく》】の□にあてはまる体《からだ》の部分《ぶぶん》を表《あらわ》す言葉《ことば》を□から選《えら》んで書《か》きましょう。

【慣用句《かんようく》】　【意味《いみ》】

① □ が低《ひく》い …… 相手《あいて》を敬《うやま》い、ひかえめな態度《たいど》をとること。

② □ にあせをにぎる …… 物事《ものごと》がどうなることかとはらはらすること。

③ □ を長《なが》くする …… 期待《きたい》して待《ま》ちこがれていること。

首《くび》　こし　手《て》

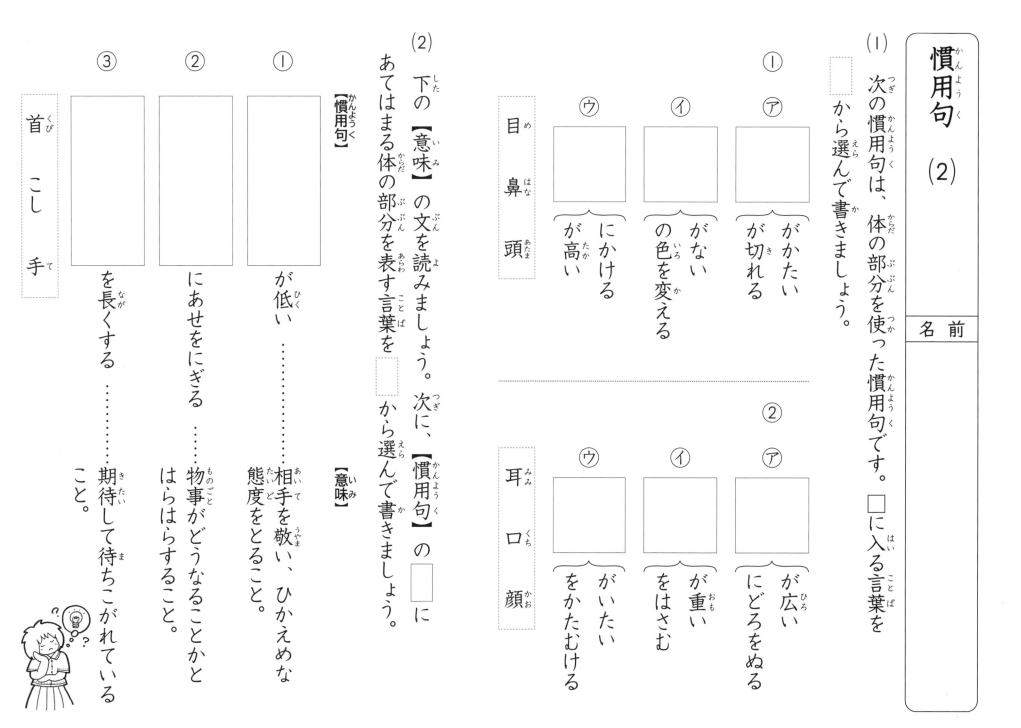

慣用句《かんようく》（3）

名前

● 次《つぎ》の慣用句《かんようく》の【意味《いみ》】を読《よ》みましょう。【慣用句《かんようく》】の□にあてはまる言葉《ことば》を□から選《えら》んで書《か》きましょう。

①

【慣用句《かんようく》】　【意味《いみ》】

㋐ □を売《う》る……無駄《むだ》な話《はなし》をして仕事《しごと》をさぼる。

㋑ □二《ふた》つ……顔《かお》かたちがよく似《に》ている様子《ようす》。

㋒ □を投《な》げる……あきらめて見放《みはな》す。

㋓ □が好《す》かない……何《なん》となくいやだと思《おも》う。

うり　油《あぶら》　虫《むし》　さじ

②

【慣用句《かんようく》】　【意味《いみ》】

㋐ □に乗《の》る……いい気《き》になってつけあがる。

㋑ 二《に》の□を踏《ふ》む……決断《けつだん》をためらう。

㋒ □を脱《ぬ》ぐ……降参《こうさん》の意《い》を表《あらわ》すこと。

㋓ □に上《あ》げる……自分《じぶん》にとって都合《つごう》の悪《わる》いことから目《め》をそむける様子《ようす》。

かぶと　図《ず》　足《あし》　たな

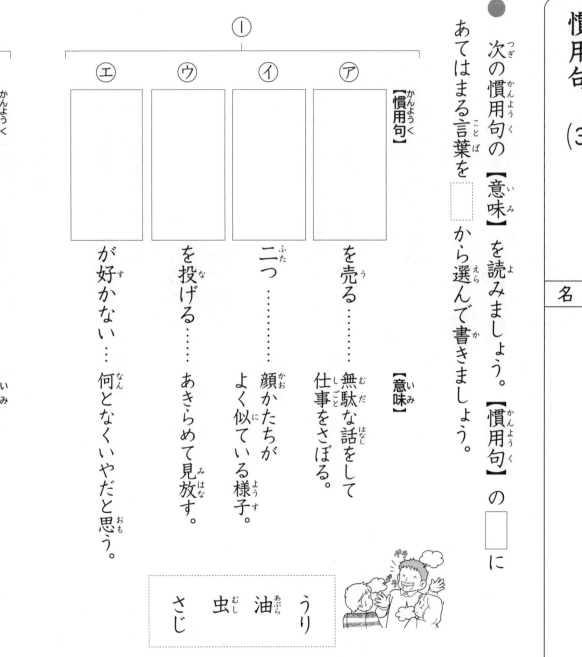

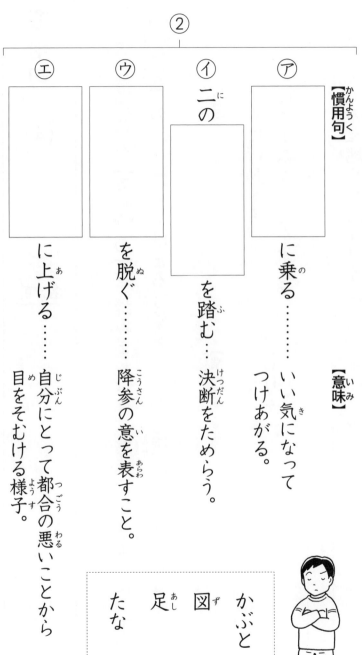

慣用句《かんようく》（4）

名前

● 次《つぎ》の慣用句《かんようく》の【意味《いみ》】の文《ぶん》を読《よ》みましょう。意味《いみ》に合《あ》うように、下《した》の【慣用句《かんようく》】の□にあてはまる言葉《ことば》を□から選《えら》んで書《か》きましょう。

①

【意味《いみ》】

㋐ すぐに行動《こうどう》する。軽《かる》はずみなことをする。

㋑ その土地《とち》やかんきょうになじめないこと。

㋒ 同《おな》じことをうんざりするほど何度《なんど》も聞《き》かされて参《まい》った。

【慣用句《かんようく》】

㋐ しりが□

㋑ 水《みず》が□

㋒ 耳《みみ》に□

合《あ》わない　たこができる　軽《かる》い

②

【意味《いみ》】

㋐ 物事《ものごと》が自身《じしん》の力量《りきりょう》をこえていて、上手《うま》くできないこと。

㋑ 気《き》をつかわずに気楽《きらく》に付《つ》き合《あ》える。

㋒ 過去《かこ》のもめごとをなかったことにする。

【慣用句《かんようく》】

㋐ 手《て》に□

㋑ 気《き》が□

㋒ 水《みず》に□

余《あま》る　流《なが》す　置《お》けない

慣用句《かんようく》 (5)

名前

● 次《つぎ》の慣用句《かんようく》の【意味《いみ》】の文《ぶん》を読《よ》みましょう。意味《いみ》に合《あ》うように、下《した》の【慣用句《かんようく》】の□にあてはまる言葉《ことば》を□から選《えら》んで書《か》きましょう。

	【意味《いみ》】	【慣用句《かんようく》】
①	とてもいそがしいので、だれでも良《よ》いから手伝《てつだ》ってほしい。	ねこの□
②	言《い》ってはいけないことは決《け》して言《い》わない。	口《くち》が□
③	「この問題《もんだい》はどう解《と》くのだろう。」とあれこれ考《かんが》える。	頭《あたま》を□
④	友達《ともだち》にえらそうなことを言《い》ってしまった。	大口《おおぐち》を□
⑤	悪《わる》いことをしたけれどきびしくおこられなかった。	大目《おおめ》に□

かたい　手《て》も借《か》りたい　たたく　ひねる　見《み》る

熟語《じゅくご》を使《つか》おう（1）

名前

● 〈例《れい》〉のように次《つぎ》の組《く》み合《あ》わせに合《あ》う熟語《じゅくご》を□から選《えら》んで下《した》の□に書《か》きましょう。

(1) ㋐ 似《に》た意味《いみ》を表《あらわ》す漢字《かんじ》を組《く》み合《あ》わせたもの
〈例《れい》〉豊富《ほうふ》（豊＝富）

永久

㋑ 意味《いみ》が対《つい》になる漢字《かんじ》を組《く》み合《あ》わせたもの
〈例《れい》〉大小《だいしょう》（大↔小）

増減

絵画《かいが》　高低《こうてい》　永久《えいきゅう》　増減《ぞうげん》

(2) ㋐ 上《うえ》の漢字《かんじ》が下《した》の漢字《かんじ》の意味《いみ》をくわしくするもの
〈例《れい》〉耕具《こうぐ》（耕《たがや》すための→道具《どうぐ》）

強風

㋑ 下《した》の漢字《かんじ》から上《うえ》の漢字《かんじ》に帰《かえ》って読《よ》むと意味《いみ》がよくわかるもの
〈例《れい》〉（読《よ》む↑本《ほん》）

乗車

㋒ 下《した》の言葉《ことば》の意味《いみ》を打《う》ち消《け》す漢字《かんじ》が上《うえ》につくもの
〈例《れい》〉無休《むきゅう》（無《な》い↑休《やす》みが）

不正

未着《みちゃく》　強風《きょうふう》　温水《おんすい》　不正《ふせい》　登山《とざん》　乗車《じょうしゃ》

熟語《じゅくご》を使《つか》おう (2)

名前

(1) 次《つぎ》の意味《いみ》を表《あらわ》す熟語《じゅくご》を□に書《か》き、（　）に読《よ》みがなを書《か》きましょう。

① 深《ふか》い海《うみ》 → 深海（しんかい）

② 円《まる》い形《かたち》 → □（　）

③ 鉄《てつ》の板《いた》 → □（　）

④ 大《おお》きな木《き》 → □（　）

(2) 次《つぎ》の熟語《じゅくご》の意味《いみ》を表《あらわ》すもとの言葉《ことば》を□に書《か》きましょう。（　）に読《よ》みがなを書《か》きましょう。

① 新年（しんねん） ← 新しい年

② 冷水（　） ← □

③ 親友（　） ← □

④ 海底（　） ← □

熟語《じゅくご》を使《つか》おう　(3)

名前

(1) 次《つぎ》の意味《いみ》を表《あらわ》す熟語《じゅくご》を□に書《か》き、（　）に読《よ》みがなを書《か》きましょう。

① 火《ひ》を消《け》す → 消化（しょうか）

② お金《かね》を送《おく》る → □（　）

③ 馬《うま》に乗《の》る → □（　）

④ 席《せき》に着《つ》く → □（　）

(2) 次《つぎ》の熟語《じゅくご》の意味《いみ》を表《あらわ》すもとの言葉《ことば》を□に書《か》きましょう。（　）に読《よ》みがなを書《か》きましょう。

① 加熱（かねつ）→ 熱を加える

② 開会（　）→ □

③ 植樹（　）→ □

④ 増税（　）→ □

熟語《じゅくご》を使《つか》おう　(4)

名前

(1) 似《に》た意味《いみ》の漢字《かんじ》を□から選《えら》んで熟語《じゅくご》を作《つく》り□に書《か》きましょう。

岩石

岩	衣	行	服
道	石	進	路

(2) 意味《いみ》が対《つい》になる漢字《かんじ》を組《く》み合《あ》わせた熟語《じゅくご》になるように□から漢字《かんじ》を選《えら》んで□に書《か》きましょう。

明暗

明	強	遠	弱
多	暗	少	近

(3) 次《つぎ》の漢字《かんじ》を打《う》ち消《け》す意味《いみ》になるように「不」「無」「未」からあてはまる漢字《かんじ》を選《えら》び、上《うえ》の□に書《か》いて熟語《じゅくご》を作《つく》りましょう。

① 無色

② □安

③ □事

④ □料

⑤ □完

本書の解答は，あくまでもひとつの例です。児童に取り組ませる前に，必ず指導される方が問題を解いてください。指導される方の作られた解答をもとに，児童の多様な考えに寄り添って○つけをお願いします。

解答例

4頁

固有種《こゆうしゅ》が教《おし》えてくれること (1)

名前

● 次《つぎ》の文章《ぶんしょう》を二回読《にかいよ》んで、答《こた》えましょう。

ウサギといえば、耳《みみ》が長《なが》くて
ぴょんぴょんはねる、
鳴《な》かない動物《どうぶつ》――
そう考《かんが》える人《ひと》が
多《おお》いのではないでしょうか。
しかし、アマミノクロウサギと
いう種《しゅ》は㋐ちがいます。
耳《みみ》は
約五《やくご》センチメートルと短《みじか》く、
ジャンプ力《りょく》は弱《よわ》く、
そのうえ
「ピシー」という
高《たか》い声《こえ》で鳴《な》くのです。
このウサギは、
日本《にほん》だけに㋑生息《せいそく》しています。
このような、㋒特定《とくてい》の国《くに》や
ちいきにしかいない動植物《どうしょくぶつ》の
ことを「固有種《こゆうしゅ》」といいます。

（令和二年度版　光村図書　国語　五　銀河　今泉《いまいずみ》　忠明《ただあき》）

(1) ウサギといえば、耳《みみ》が長《なが》くてぴょんぴょんはねる、鳴《な》かない動物《どうぶつ》と考《かんが》える人《ひと》が多《おお》いですが、アマミノクロウサギは、どこが㋐ちがいますか。文中《ぶんちゅう》の言葉《ことば》で三《みっ》つ書《か》きましょう。

① 耳《みみ》は **短く**

② ジャンプ力《りょく》は **弱く**

③ **高い声** で鳴《な》くのです。

(2) アマミノクロウサギは、どこに㋑生息《せいそく》していますか。一《ひと》つに○をつけましょう。

（　）世界中《せかいじゅう》どこにでも
（○）日本《にほん》にだけ
（　）アメリカにだけ

(3) ㋒特定《とくてい》の国《くに》やちいきにしかいない動植物《どうしょくぶつ》のことを、何《なん》といいますか。

固有種

5頁

固有種《こゆうしゅ》が教《おし》えてくれること (2)

名前

● 次《つぎ》の文章《ぶんしょう》を二回読《にかいよ》んで、答《こた》えましょう。

固有種《こゆうしゅ》には、古《ふる》い時代《じだい》から
生《い》き続《つづ》けている㋐種《しゅ》が
多《おお》くいます。
アマミノクロウサギも、
およそ三百万年以上前《さんびゃくまんねんいじょうまえ》から
ほぼそのままのすがたで
生《い》きてきたとされる、
㋑めずらしいウサギです。
このウサギと比《くら》べることで、
「耳《みみ》が長《なが》い」
「ぴょんぴょんはねる」
「鳴《な》かない」という
ふつうのウサギの特徴《とくちょう》が、
長《なが》い進化《しんか》の過程《かてい》で
㋒手《て》に入《い》れられたものなのだと
いうことが分《わ》かります。

（令和二年度版　光村図書　国語　五　銀河　今泉《いまいずみ》　忠明《ただあき》）

(1) 固有種《こゆうしゅ》には、どんな㋐種《しゅ》が多《おお》くいますか。

古い時代 から生《い》き続《つづ》けている種《しゅ》が多《おお》くいます。

(2) ㋑めずらしいウサギの名前《なまえ》を、九文字《きゅうもじ》で書《か》きましょう。

アマミノクロウサギ

(3) めずらしいウサギと比《くら》べることで、ふつうのウサギの特徴《とくちょう》が、どのように㋒手《て》に入《い》れられたものなのだということが分《わ》かりますか。一《ひと》つに○をつけましょう。

（　）三百万年以上《さんびゃくまんねんいじょう》かけて
（　）あるとき、きゅうに
（○）長《なが》い進化《しんか》の過程《かてい》で

6頁

固有種《こゆうしゅ》が教《おし》えてくれること (3)

名前

● 次《つぎ》の文章《ぶんしょう》を二回読《にかいよ》んで、答《こた》えましょう。

1

固有種《こゆうしゅ》と他《ほか》の種《しゅ》とを
比《くら》べることは、
生物《せいぶつ》の進化《しんか》の研究《けんきゅう》に
とても役立《やくだ》つのです。

2

日本《にほん》には、固有種《こゆうしゅ》が
たくさん生息《せいそく》する
ゆたかな環境《かんきょう》が㋐あります。
㋑わたしは、
この固有種《こゆうしゅ》たちがすむ
日本《にほん》の環境《かんきょう》を、
できるだけ残《のこ》していきたいと
考《かんが》えています。

（令和二年度版　光村図書　国語　五　銀河　今泉《いまいずみ》　忠明《ただあき》）

1

(1) 固有種《こゆうしゅ》と他《ほか》の種《しゅ》とを比《くら》べることは、何《なに》に役立《やくだ》ちますか。

生物 の進化《しんか》の **研究** に役立《やくだ》つのです。

2

(1) 日本《にほん》には何《なに》が㋐ありますか。

固有種《こゆうしゅ》がたくさん生息《せいそく》する **ゆたかな** 環境《かんきょう》

(2) ㋑わたしは、日本《にほん》の環境《かんきょう》をどうしていきたいと考《かんが》えていますか。○をつけましょう。

（○）できるだけ残《のこ》していきたい。
（　）できるだけ変《か》えていきたい。

7頁

固有種《こゆうしゅ》が教《おし》えてくれること (4)

名前

● 次《つぎ》の文章《ぶんしょう》を二回読《にかいよ》んで、答《こた》えましょう。

日本《にほん》に固有種《こゆうしゅ》が多《おお》いことは、
同《おな》じように大陸《たいりく》に近《ちか》いところに
ある島国《しまぐに》イギリスと比《くら》べると
よく分《わ》かります。
㋐ユーラシア大陸《たいりく》をはさんで
東《ひがし》に日本列島《にほんれっとう》、
西《にし》にイギリス諸島《しょとう》が
あります。
それぞれの国《くに》の
陸地《りくち》にすむ
陸生《りくせい》ほ乳類《にゅうるい》の種《しゅ》の数《かず》を
㋑比《くら》べてみましょう。
日本《にほん》には、
アマミノクロウサギをはじめ、
百七種《ひゃくななしゅ》がいて、そのうち半数《はんすう》
近《ちか》くの四十八種《よんじゅうはっしゅ》が固有種《こゆうしゅ》です。
一方《いっぽう》のイギリスには、ハリネズミ、
ヨーロッパヤマネコなど
四十二種《よんじゅうにしゅ》がいますが、
固有種《こゆうしゅ》はゼロ。
イギリスにすんでいるほ乳類《にゅうるい》は、
全《すべ》て対岸《たいがん》のユーラシア大陸《たいりく》と
同《おな》じ種《しゅ》なのです。

（令和二年度版　光村図書　国語　五　銀河　今泉《いまいずみ》　忠明《ただあき》）

(1) ㋐ユーラシア大陸《たいりく》をはさんで東《ひがし》と西《にし》に何《なに》がありますか。

ユーラシア大陸《たいりく》をはさんで
東《ひがし》に **日本列島**
西《にし》に **イギリス**
諸島《しょとう》があります。

(2) それぞれの国《くに》の、何《なに》を㋑比《くら》べてみたのですか。

陸生《りくせい》 **ほ乳類** の **種** の数《かず》。

(3) 次《つぎ》の文《ぶん》で、日本《にほん》について書《か》いてある文《ぶん》には（日）、イギリスについて書《か》いてある文《ぶん》には（イ）を、（　）に書《か》きましょう。

（**日**）アマミノクロウサギがいる。
（**イ**）ヨーロッパヤマネコがいる。
（**イ**）固有種《こゆうしゅ》はゼロ。
（**日**）固有種《こゆうしゅ》は四十八種《よんじゅうはっしゅ》。

解答例

本書の解答は，あくまでもひとつの例です。児童に取り組ませる前に，必ず指導される方が問題を解いてください。指導される方の作られた解答をもとに，児童の多様な考えに寄り添って○つけをお願いします。

8頁

固有種《こゆうしゅ》が教《おし》えてくれること (5)

名前

● 次《つぎ》の文章《ぶんしょう》を二回読《にかいよ》んで、答《こた》えましょう。

日本《にほん》に固有種《こゆうしゅ》が多《おお》いわけは、日本列島《にほんれっとう》の成《な》り立《た》ちに関係《かんけい》があります。日本列島《にほんれっとう》は、㋐はるか昔《むかし》、大陸《たいりく》と陸続《りくつづ》きでした。このとき、多《おお》くの動物《どうぶつ》が、大陸《たいりく》から㋑わたってきたとされています。

その後《ご》、日本列島《にほんれっとう》は、長《なが》い年月《ねんげつ》をかけて大陸《たいりく》から切《き》りはなされていきます。

野生生物《やせいせいぶつ》の分布《ぶんぷ》をもとにすると、日本列島《にほんれっとう》は北《きた》から北海道《ほっかいどう》、本土《ほんど》（本州《ほんしゅう》・四国《しこく》・九州《きゅうしゅう》）、南西諸島《なんせいしょとう》の㋒三《みっ》つのちいきに分《わ》けられますが、それは、大陸《たいりく》から切《き》りはなされて島《しま》になった時期《じき》が、それぞれのちいきでことなるためです。

（令和二年度版　光村図書　国語　五　銀河　今泉　忠明）

(1) 日本列島《にほんれっとう》は、㋐はるか昔《むかし》はどうなっていましたか。

［**大陸**］と［**陸続き**］でした。

(2) ㋑多《おお》くの動物《どうぶつ》が、どこから、どこへ、わたってきたのですか。

・どこから　［**大陸**］から

・どこへ　［**日本列島**］へ

わたってきたとされています。

(3) 日本列島《にほんれっとう》の㋒三《みっ》つのちいきとは、どこですか。□に書《か》きましょう。

① **北海道**

② **本土**

③ **南西諸島**

9頁

論語《ろんご》

名前

● 論語《ろんご》を二回読《にかいよ》んで、答《こた》えましょう。

1

論語《ろんご》

〈もとの文《ぶん》〉

子曰《しい（わ）》はく、

「己《おのれ》の欲《ほっ》せざる所《ところ》は、

人《ひと》に施《ほどこ》すこと勿《な》かれ。」と。

〈現代語訳《げんだいごやく》〉

孔子《こうし》は言《い》った。

「自分《じぶん》が人《ひと》からされたくないと思《おも》うことを、他人《たにん》に対《たい》してしてはならない。」と。

2

〈もとの文《ぶん》〉

子曰《しい（わ）》はく、

「過《あやま》ちて改《あらた》めざる、

是《これ》を過《あやま》ちと謂《い（う）》ふ。」と。

〈現代語訳《げんだいごやく》〉

孔子《こうし》は言《い》った。

「人《ひと》はだれでも過《あやま》ちがあるものだが、過《あやま》ちをおかしてそれを改《あらた》めないのが、本当《ほんとう》の過《あやま》ちというものだ。」と。

（令和二年度版　光村図書　国語　五　銀河「古典の世界（二）」による）

(1) 論語《ろんご》の1の〈もとの文《ぶん》〉の言葉《ことば》に、あてはまる現代語訳《げんだいごやく》を下《した》から選《えら》び——線《せん》で結《むす》びましょう。

① 子曰《しい（わ）》はく　——　孔子《こうし》は言《い》った

② 欲《ほっ》せざる所《ところ》　——　されたくないと思《おも》うこと

③ 施《ほどこ》すこと勿《な》かれ　——　してはならない

(2) 2で書《か》かれていることをかんたんに表《あらわ》すと、どんな文《ぶん》になりますか。正《ただ》しい方《ほう》に○をつけましょう。

（　）まちがったことをしても、それを改《あらた》めないのがよい。

（○）まちがったことをしたら、それを改《あらた》めるのがよい。

10頁

春暁《しゅんぎょう》

名前

● 春暁《しゅんぎょう》の〈もとの文《ぶん》〉と〈現代語訳《げんだいごやく》〉を二回読《にかいよ》んで、答《こた》えましょう。

春暁《しゅんぎょう》　　猛《もう》　浩然《こうねん》

〈もとの文《ぶん》〉

①春眠《しゅんみん》　②暁《あかつき》を覚《おぼ》えず

③処処《しょしょ》　④啼鳥《ていちょう》を聞《き》く

夜来《やらい》　風雨《ふうう》の声《こえ》

㋐花落《はなお》つること　知《し》る多少《たしょう》

〈現代語訳《げんだいごやく》〉

春《はる》の眠《ねむ》りは気持《きも》ちがよくて、

朝《あさ》になったのも気《き》づかなかった。

あちこちで鳥《とり》の鳴《な》く声《こえ》が聞《き》こえてくる。

昨日《きのう》の夜《よる》は雨《あめ》や風《かぜ》の音《おと》がしていたが、

花《はな》はどのくらい

散《ち》ってしまっただろうか。

（令和二年度版　光村図書　国語　五　銀河「古典の世界（二）」による）

(1) 春暁《しゅんぎょう》の〈もとの文《ぶん》〉の中《なか》の言葉《ことば》と、それにあてはまる現代語訳《げんだいごやく》の言葉《ことば》を——線《せん》で結《むす》びましょう。

① 春眠《しゅんみん》　——　春《はる》の眠《ねむ》り

② 暁《あかつき》　——　朝《あさ》になった

③ 処処《しょしょ》　——　あちこちで

④ 啼鳥《ていちょう》　——　鳥《とり》の鳴《な》く声《こえ》

(2) ㋐花落《はなお》つること　知《し》る多少《たしょう》の意味《いみ》を〈現代語訳《げんだいごやく》〉を読《よ》んで書《か》きましょう。

花はどのくらい散ってしまっただろうか。

※「春暁」の教材は、令和二年度版　教育出版　ひろがる言葉　五上　にも掲載されています。

11頁

大造《だいぞう》じいさんとガン (1)

名前

● 次《つぎ》の文章《ぶんしょう》を二回読《にかいよ》んで、答《こた》えましょう。

1

3

㋐今年《ことし》もまた、ぼつぼつ、例《れい》のぬま地《ち》に ガンの㋑来《く》る季節《きせつ》になりました。

2

大造《だいぞう》じいさんは、生《い》きたドジョウを入《い》れた ㋒どんぶりを持《も》って、鳥小屋《とりごや》の方《ほう》に行《い》きました。㋓じいさんが小屋《こや》に入《はい》ると、一羽《いちわ》のガンが、羽《はね》をばたつかせながら、じいさんに飛《と》び付《つ》いてきました。

（令和二年度版　光村図書　国語　五　銀河　椋　鳩十）

1

(1) ㋐今年《ことし》もまたという言葉《ことば》から、分《わ》かることに○をつけましょう。

（○）ガンは、前《まえ》の年《とし》にも来《き》ていた。

（　）ガンは、今《いま》まで一度《いちど》も来《き》たことがない。

(2) ぬま地《ち》に、何《なに》が ㋑来《く》る季節《きせつ》になりましたか。

ガン

2

(1) じいさんは、何《なに》を入《い》れた㋒どんぶりを持《も》って鳥小屋《とりごや》の方《ほう》に行《い》きましたか。

生《い》きた［**ドジョウ**］。

(2) ㋓じいさんが鳥小屋《とりごや》に入《はい》ると、一羽《いちわ》のガンはどうしましたか。○をつけましょう。

（　）羽《はね》をばたつかせながら、じいさんからにげまわった。

（○）羽《はね》をばたつかせながら、じいさんに飛《と》び付《つ》いてきた。

※「大造じいさんとガン」の教材は、令和二年度版　東京書籍　新しい国語　五　教育出版　ひろがる言葉　五上　にも掲載されています。

本書の解答は，あくまでもひとつの例です。児童に取り組ませる前に，必ず指導される方が問題を解いてください。指導される方の作られた解答をもとに，児童の多様な考えに寄り添って○つけをお願いします。

解答例

12頁

大造《だいぞう》じいさんとガン　(2)

名前

● 次《つぎ》の文章《ぶんしょう》を二回《にかい》読《よ》んで、答《こた》えましょう。

じいさんは、いつもガンがえさを食《た》べるあたり一面《いちめん》に、えさのたにしをつけたつりばりをしかけて、生《い》きているガンを一羽《いちわ》、手《て》に入《い》れました。

1

このガンは、二年前《にねんまえ》、じいさんがつりばりの計略《けいりゃく》で㋐生《い》けどったものだったのです。

今《いま》では、すっかりじいさんに㋑なついていました。

※なつく…なれて、仲良《なかよ》くなる

2

ときどき、鳥小屋《とりごや》から運動《うんどう》のために外《そと》に㋒出《だ》してやるが、ヒュー、ヒュー、ヒューと㋓口笛《くちぶえ》をふけば、どこにいてもじいさんのところに帰《かえ》ってきて、そのかた先《さき》に止《と》まるほどになれていました。

(令和二年度版　光村図書　国語　五　銀河　椋《むく》　鳩十《はとじゅう》)

1

(1) ㋐生《い》けどったの意味《いみ》を表《あらわ》す文《ぶん》に、○をつけましょう。

(　) ガンをかっている人《ひと》からもらってきた。

(○) 生《い》きたままでつかまえた。

(2) このガンは、今《いま》ではすっかり、だれに㋑なついていますか。

じいさん

2

(1) ときどき、鳥小屋《とりごや》から何《なん》のために㋒出《だ》してやるのですか。

運動のため。

(2) このガンはじいさんが㋓口笛《くちぶえ》をふくと、何《なに》をしますか。二《ふた》つに○をつけましょう。

(　) 鳥小屋《とりごや》から出《で》て運動《うんどう》する。

(○) どこにいても、じいさんのところに帰《かえ》ってくる。

(○) じいさんのかた先《さき》に止《と》まる。

※「大造じいさんとガン」の教材は、令和二年度版　東京書籍　新しい国語　五
教育出版　ひろがる言葉　五上　にも掲載されています。

13頁

大造《だいぞう》じいさんとガン　(3)

名前

● 次《つぎ》の文章《ぶんしょう》を二回《にかい》読《よ》んで、答《こた》えましょう。

じいさんは、二年前《にねんまえ》につりばりの計略《けいりゃく》で生《い》けどった一羽《いちわ》のガンを、飼《か》いならしていました。

大造《だいぞう》じいさんは、ガンがどんぶりからえ《えさ》を食《た》べているのを、㋐じっと見《み》つめながら、

(あ)「今年《ことし》はひとつ、㋑これを使《つか》ってみるかな。」

と、㋒独《ひと》り言《ごと》を言《い》いました。

(令和二年度版　光村図書　国語　五　銀河　椋《むく》　鳩十《はとじゅう》)

(1) ㋐じっと見《み》つめとは、どんな様子《ようす》ですか。一《ひと》つに○をつけましょう。

(　) 遠《とお》くの方《ほう》をぼんやりながめる。

(○) 目《め》をはなさずにしっかり見《み》る。

(　) 目《め》をそらしてこっそり見《み》る。

(2) (あ)は、だれが言《い》った言葉《ことば》ですか。

大造じいさん

(3) ㋑これとは、何《なん》のことですか。○をつけましょう。

(○) じいさんが飼《か》いならしたガン。

(　) どんぶりに入《い》れたえさ。

(4) ㋒独《ひと》り言《ごと》とは、どういう意味《いみ》ですか。○をつけましょう。

(○) 聞《き》く相手《あいて》はいないけれど、一人《ひとり》で声《こえ》を出《だ》して言《い》うこと。

(　) 聞《き》く相手《あいて》がいないので、声《こえ》は出《だ》さずに頭《あたま》の中《なか》で考《かんが》えること。

※「大造じいさんとガン」の教材は、令和二年度版　東京書籍　新しい国語　五
教育出版　ひろがる言葉　五上　にも掲載されています。

14頁

大造《だいぞう》じいさんとガン　(4)

名前

● 次《つぎ》の文章《ぶんしょう》を二回《にかい》読《よ》んで、答《こた》えましょう。

1

じいさんは、長年《ながねん》の経験《けいけん》で、ガンは、いちばん最初《さいしょ》に飛《と》び立《た》ったものの後《あと》について飛《と》ぶ、ということを㋐知《し》っていたので、このガンを手《て》に入《い》れたときから、ひとつ、これをおとりに使《つか》って、残雪《ざんせつ》の仲間《なかま》を㋑とらえてやろうと、考《かんが》えていたのでした。

※このガン…大造《だいぞう》じいさんが生《い》けどって飼《か》いならしたガン

※おとり…ほかの鳥《とり》をさそいよせるために使《つか》う、同《おな》じ仲間《なかま》の鳥《とり》

2

さて、いよいよ㋒残雪《ざんせつ》の一群《いちぐん》が今年《ことし》もやって来《き》たと聞《き》いて、大造《だいぞう》じいさんは、ぬま地《ち》へ出《で》かけていきました。

※一群《いちぐん》…一《ひと》つの群《む》れ

(令和二年度版　光村図書　国語　五　銀河　椋《むく》　鳩十《はとじゅう》)

1

(1) じいさんは、何《なに》を㋐知《し》っていたのですか。

ガンは、いちばん最初に飛び立ったものの後《あと》について飛《と》ぶ、ということ。

(2) 何《なに》を㋑とらえてやろうと思《おも》ったのですか。

残雪の仲間《なかま》。

2

(1) ㋒残雪《ざんせつ》の一群《いちぐん》とは、だれのことですか。一《ひと》つに○をつけましょう。

(　) 残雪一羽《ざんせついちわ》だけ。

(○) 残雪《ざんせつ》とその仲間《なかま》たち。

(　)「残雪《ざんせつ》」と「おとりのガン」の二羽《にわ》。

※「大造じいさんとガン」の教材は、令和二年度版　東京書籍　新しい国語　五
教育出版　ひろがる言葉　五上　にも掲載されています。

15頁

大造《だいぞう》じいさんとガン　(5)

名前

● 次《つぎ》の文章《ぶんしょう》を二回《にかい》読《よ》んで、答《こた》えましょう。

1

ガンたちは、昨年《さくねん》じいさんが小屋《こや》がけした所《ところ》から、たまのとどくきょりの三倍《さんばい》もはなれている地点《ちてん》を、㋐えさ場《ば》にしているようでした。

㋑そこは、夏《なつ》の出水《しゅっすい》で大《おお》きな水《みず》たまりができて、ガンのえ《えさ》が十分《じゅうぶん》にあるらしかったのです。

2

(あ)「うまくいくぞ。」

大造《だいぞう》じいさんは、青《あお》くすんだ空《そら》を見上《みあ》げながら、にっこりとしました。

その夜《よる》のうちに、飼《か》いならしたガンを例《れい》のえさ場《ば》に放《はな》ち、昨年建《さくねんた》てた小屋《こや》の中《なか》にもぐりこんで、㋒ガンの群《む》れを待《ま》つことにしました。

(令和二年度版　光村図書　国語　五　銀河　椋《むく》　鳩十《はとじゅう》)

1

(1) ガンたちは、昨年《さくねん》じいさんが小屋《こや》がけしたところから、どれくらいはなれた地点《ちてん》を㋐えさ場《ば》にしているのですか。

たまのとどくきょりの三倍《ばい》もはなれている地点《ちてん》。

(2) ㋑そこには、何《なに》が十分《じゅうぶん》にあるらしいのですか。

ガンのえが十分《じゅうぶん》にあるらしかったのです。

2

(1) (あ)は、だれが言《い》った言葉《ことば》ですか。

大造じいさん

(2) 大造《だいぞう》じいさんは、どこで㋒ガンの群《む》れを待《ま》つことにしましたか。○をつけましょう。

(○) 昨年建《さくねんた》てた小屋《こや》の中《なか》。

(　) 例《れい》のえさ場《ば》。

※「大造じいさんとガン」の教材は、令和二年度版　東京書籍　新しい国語　五
教育出版　ひろがる言葉　五上　にも掲載されています。

本書の解答は，あくまでもひとつの例です。児童に取り組ませる前に，必ず指導される方が問題を解いてください。指導される方の作られた解答をもとに，児童の多様な考えに寄り添って○つけをお願いします。

16頁

大造《だいぞう》じいさんとガン　(6)

名前

● 次《つぎ》の文章《ぶんしょう》を二回《にかい》読《よ》んで、答《こた》えましょう。

1

「さあ、いよいよ戦闘開始《せんとうかいし》だ。」

㋐東《ひがし》の空《そら》が真《ま》っ赤《か》に燃《も》えて、朝《あさ》が来《き》ました。

残雪《ざんせつ》は、㋑いつものように群《む》れの先頭《せんとう》に立《た》って、美《うつく》しい朝《あさ》の空《そら》を、真一文字《まいちもんじ》に横切《よこぎ》ってやって来《き》ました。

2

やがて、えさ場《ば》に下《お》りると、㋒グワア、グワアというやかましい声《こえ》で鳴《な》き始《はじ》めました。

大造《だいぞう》じいさんのむねは、わくわくしてきました。しばらく㋓目《め》をつぶって、心《こころ》の落《お》ち着《つ》くのを待《ま》ちました。そして、冷《ひ》え冷《び》えするじゅうしんをぎゅっとにぎりしめました。

1

(1) 朝《あさ》が来《き》たときの、㋐東《ひがし》の空《そら》の様子《ようす》を書《か》きましょう。

東《ひがし》の空《そら》が **真っ赤** に **燃えて**、朝《あさ》が来《き》ました。

(2) 残雪《ざんせつ》は、㋑いつものように群《む》れの、どこに立《た》ってやって来《き》ましたか。

群《む》れの **先頭** に立《た》って、やって来《き》ました。

2

(1) ㋒グワア、グワアというやかましい声《こえ》で鳴《な》き始《はじ》めたのは、だれですか。

ガン

(2) 大造《だいぞう》じいさんは、㋓目《め》をつぶっていたのはなぜですか。一《ひと》つに○をつけましょう。

( ) 冷《ひ》えてとても寒《さむ》かったから。

(○) むねがわくわくしてきたので心《こころ》を落《お》ち着《つ》かせるため。

17頁

大造《だいぞう》じいさんとガン　(7)

名前

● 次《つぎ》の文章《ぶんしょう》を二回《にかい》読《よ》んで、答《こた》えましょう。

1

じいさんは目《め》を開《ひら》きました。

「さあ、今日《きょう》こそ、あの残雪《ざんせつ》めに㋐ひとあわふかせてやるぞ。」

くちびるを二《に》、三回《さんかい》静《しず》かにぬらしました。そして、あのおとりを飛《と》び立《た》たせるために口笛《くちぶえ》をふこうと、くちびるをとんがらせました。と、㋑そのとき、ものすごい羽音《はおと》とともに、ガンの群《む》れが一度《いちど》にバタバタと飛《と》び立《た》ちました。

2

「どうしたことだ。」

じいさんは、小屋《こや》の外《そと》にはい出《だ》してみました。

ガンの群《む》れを目《め》がけて、白《しろ》い雲《くも》の辺《あた》りから、何《なに》か㋒一直線《いっちょくせん》に落《お》ちてきました。

「ハヤブサだ。」

㋓ガンの群《む》れは、残雪《ざんせつ》に導《みちび》かれて、実《じつ》にすばやい動作《どうさ》で、ハヤブサの目《め》をくらましながら飛《と》び去《さ》っていきます。

1

(1) だれが、だれに、㋐ひとあわふかせてやるのですか。

・だれが
(大造)じいさん が

・だれに
残雪(め) に
ひとあわふかせてやるぞ。

(2) ㋑そのときとは、いつですか。一《ひと》つに○をつけましょう。

( ) じいさんが、目《め》を開《ひら》いたとき。

(○) じいさんが、口笛《くちぶえ》をふこうとくちびるをとんがらせたとき。

( ) じいさんが、くちびるを静《しず》かにぬらしたとき。

2

(1) ㋒一直線《いっちょくせん》に落《お》ちてきたのは、何《なん》ですか。○をつけましょう。

(○) ハヤブサ　( ) 残雪《ざんせつ》

(2) 残雪《ざんせつ》に導《みちび》かれて、㋓すばやい動作《どうさ》をしたのは、だれですか。

ガンの群れ

18頁

大造《だいぞう》じいさんとガン　(8)

名前

● 次《つぎ》の文章《ぶんしょう》を二回《にかい》読《よ》んで、答《こた》えましょう。

1

「あっ。」

一羽《いちわ》、㋐飛《と》びおくれたのがいます。

大造《だいぞう》じいさんのおとりのガンです。長《なが》い間飼《あいだか》いならされていたので、野鳥《やちょう》としての本能《ほんのう》がにぶっていたのでした。

2

ハヤブサは、その一羽《いちわ》を見《み》のがしませんでした。

じいさんは、ピュ、ピュ、ピュと①口笛《くちぶえ》をふきました。

こんな命《いのち》がけの場合《ばあい》でも、飼《か》い主《ぬし》のよび声《ごえ》を聞《き》き分《わ》けたとみえて、ガンは、こっちに②方向《ほうこう》を変《か》えました。

ハヤブサは、その道《みち》をさえぎって、パーンと③一《ひと》けりけりました。

ぱっと、白《しろ》い羽毛《うもう》が㋑あかつきの空《そら》に光《ひか》って散《ち》りました。ガンの体《からだ》はななめにかたむきました。

1

(1) ㋐飛《と》びおくれたのは、だれですか。○をつけましょう。

( ) 残雪《ざんせつ》
(○) 大造《だいぞう》じいさんのおとりのガン

(2) ㋐飛《と》びおくれたのは、なぜですか。□に言葉《ことば》を書《か》きましょう。

長《なが》い間飼《あいだか》いならされていたので、**野鳥** としての **本能** がにぶっていたから。

2

(1) 次《つぎ》の①②③のことをしたのは、だれですか。下《した》から選《えら》び——線《せん》で結《むす》びましょう。

① 口笛《くちぶえ》をふきました。 —— じいさん
② 方向《ほうこう》を変《か》えました。 —— おとりのガン
③ 一《ひと》けりけりました。 —— ハヤブサ

(2) ㋑あかつきの空《そら》に光《ひか》って散《ち》ったのは、何《なん》ですか。

白い羽毛

19頁

大造《だいぞう》じいさんとガン　(9)

名前

● 次《つぎ》の文章《ぶんしょう》を二回《にかい》読《よ》んで、答《こた》えましょう。

1

もう一《ひと》けりと、ハヤブサが㋐こうげきの姿勢《しせい》をとったとき、さっと、㋑大《おお》きなかげが空《そら》を横切《よこぎ》りました。

残雪《ざんせつ》です。

2

大造《だいぞう》じいさんは、ぐっとじゅうをかたに当《あ》て、残雪《ざんせつ》を㋒ねらいました。

㋓が、なんと思《おも》ったか、再《ふたた》びじゅうを下《お》ろしてしまいました。

1

(1) もう一《ひと》けりと、だれが㋐こうげきの姿勢《しせい》をとりましたか。

ハヤブサ

(2) 空《そら》を横切《よこぎ》った㋑大《おお》きなかげは、だれですか。

残雪

2

(1) だれが残雪《ざんせつ》を㋒ねらいましたか。一《ひと》つに○をつけましょう。

( ) ハヤブサ
( ) 大《おお》きなかげ
(○) 大造《だいぞう》じいさん

(2) ㋓が、をほかの言葉《ことば》におきかえるとしたら、どの言葉《ことば》がよいですか。一《ひと》つに○をつけましょう。

( ) それから
(○) ところが
( ) そのうえ

(令和二年度版　光村図書　国語　五　銀河　椋《むく》 鳩十《はとじゅう》)

※「大造じいさんとガン」の教材は、令和二年度版　東京書籍　新しい国語　五
教育出版　ひろがる言葉　五上　にも掲載されています。

20頁

大造《だいぞう》じいさんとガン (10)

名前

● 次《つぎ》の文章《ぶんしょう》を二回《にかい》読《よ》んで、答《こた》えましょう。

1

㋐残雪《ざんせつ》の目《め》には、
人間《にんげん》もハヤブサも
ありませんでした。
ただ、救《すく》わねばならぬ
仲間《なかま》のすがたが
㋑あるだけでした。

2

いきなり、㋒てきに
ぶつかっていきました。
そして、あの大《おお》きな羽《はね》で、
力《ちから》いっぱい相手《あいて》を
㋓なぐりつけました。

（令和二年度版　光村図書　国語　五　銀河　椋《むく》　鳩十《はとじゅう》）

1

(1) ㋐残雪《ざんせつ》の目《め》には、人間《にんげん》もハヤブサもありませんでした。とありますが、意味《いみ》の正《ただ》しい方《ほう》に○をつけましょう。

（　）残雪《ざんせつ》は、人間《にんげん》やハヤブサをしっかり見《み》ていました。
（○）残雪《ざんせつ》は、人間《にんげん》もハヤブサも気《き》に留《と》めませんでした。

(2) 残雪《ざんせつ》の目《め》には、何《なに》が㋑あるだけでしたか。□にあてはまる言葉《ことば》を書《か》きましょう。

ただ、**救わねば**ならぬ**仲間**のすがたがあるだけでした。

2

(1) いきなり、㋒てきにぶつかっていったのは、だれですか。○をつけましょう。

（　）ハヤブサ
（○）残雪《ざんせつ》

㋓(2) 残雪《ざんせつ》は、何《なに》で力《ちから》いっぱい相手《あいて》をなぐりつけましたか。

あの**大きな羽**

21頁

大造《だいぞう》じいさんとガン (11)

名前

● 次《つぎ》の文章《ぶんしょう》を二回《にかい》読《よ》んで、答《こた》えましょう。

1

不意《ふい》を打《う》たれて、さすがの
ハヤブサも、空中《くうちゅう》で㋐ふらふらと
よろめきました。が、ハヤブサも、
さるものです。さっと体勢《たいせい》を
整《ととの》えると、残雪《ざんせつ》のむな元《もと》に
飛《と》びこみました。
㋑ぱっ
ぱっ
羽《はね》が、白《しろ》い花弁《かべん》のように、
すんだ空《そら》に飛《と》び散《ち》りました。

2

そのまま、ハヤブサと残雪《ざんせつ》は、
もつれ合《あ》って、ぬま地《ち》に
㋒落《お》ちていきました。
大造《だいぞう》じいさんは
かけつけました。
二羽《にわ》の鳥《とり》は、なおも地上《ちじょう》で
はげしく戦《たたか》っていました。が、
ハヤブサは、㋓人間《にんげん》のすがたを
みとめると、急《きゅう》に戦《たたか》いをやめて、
よろめきながら飛《と》び去《さ》って
いきました。

（令和二年度版　光村図書　国語　五　銀河　椋《むく》　鳩十《はとじゅう》）

1

(1) ㋐ふらふらとよろめいたのは、だれですか。

ハヤブサ

(2) ㋑ぱっ　ぱっ　羽《はね》が、白《しろ》い花弁《かべん》のように、すんだ空《そら》に飛《と》び散《ち》りました。とは、どんな様子《ようす》を表《あらわ》していますか。○をつけましょう。

（　）残雪《ざんせつ》がよろめいた様子《ようす》。
（○）残雪《ざんせつ》とハヤブサが羽《はね》を広《ひろ》げてはげしく戦《たたか》っている様子《ようす》。

2

(1) ハヤブサと残雪《ざんせつ》は、もつれ合《あ》ってどこへ㋒落《お》ちていきましたか。

ぬま地

(2) ハヤブサは㋓人間《にんげん》のすがたをみとめると、何《なに》をしましたか。□にあてはまる言葉《ことば》を書《か》きましょう。

急《きゅう》に**戦い**をやめてよろめきながら**飛び去って**いきました。

22頁

大造《だいぞう》じいさんとガン (12)

名前

● 次《つぎ》の文章《ぶんしょう》を二回《にかい》読《よ》んで、答《こた》えましょう。

1

残雪《ざんせつ》は、むねの辺《あた》りを
くれないにそめて、ぐったりと
していました。しかし、
㋐第二《だいに》のおそろしいてきが
近《ちか》づいたのを感《かん》じると、
㋑残《のこ》りの力《ちから》をふりしぼって、
ぐっと長《なが》い首《くび》を
持《も》ち上《あ》げました。
そして、
じいさんを
正面《しょうめん》からにらみつけました。

2

それは、鳥《とり》とはいえ、
いかにも頭領《とうりょう》らしい、
㋒堂々《どうどう》たる態度《たいど》のようで
ありました。

（令和二年度版　光村図書　国語　五　銀河　椋《むく》　鳩十《はとじゅう》）

1

(1) ㋐第二《だいに》のおそろしいてきとは、だれのことですか。

じいさん

(2) 残雪《ざんせつ》は㋑残《のこ》りの力《ちから》をふりしぼって、何《なに》をしましたか。二《ふた》つ書《か》きましょう。

① ぐっと長《なが》い首《くび》を**持ち上げました**。

② じいさんを正面《しょうめん》から**にらみつけました**。

2

(1) ㋒堂々《どうどう》たる態度《たいど》だったのは、だれですか。一《ひと》つに○をつけましょう。

（　）ハヤブサ
（○）残雪《ざんせつ》
（　）じいさん

23頁

大造《だいぞう》じいさんとガン (13)

名前

● 次《つぎ》の文章《ぶんしょう》を二回《にかい》読《よ》んで、答《こた》えましょう。

大造《だいぞう》じいさんが
㋐手《て》をのばしても、
残雪《ざんせつ》は、もうじたばた
さわぎませんでした。
それは、最期《さいご》の時《とき》を感《かん》じて、
せめて頭領《とうりょう》としての
いげんをきずつけまいと
㋑努力《どりょく》している
ようでも
ありました。
大造《だいぞう》じいさんは、
㋒強《つよ》く心《こころ》を打《う》たれて、
ただの鳥《とり》に対《たい》しているような
気《き》がしませんでした。

（令和二年度版　光村図書　国語　五　銀河　椋《むく》　鳩十《はとじゅう》）

(1) だれが、だれに、㋐手《て》をのばしたのですか。

・だれが　**大造じいさん**が
・だれに　**残雪**に

(2) 残雪《ざんせつ》は、どんなことに㋑努力《どりょく》しているようでもありましたか。

最期《さいご》の時《とき》を感《かん》じて、せめて**頭領**としての**いげん**をきずつけまいと努力《どりょく》しているようでもありました。

(3) 大造《だいぞう》じいさんは、何《なに》に㋒強《つよ》く心《こころ》を打《う》たれたのでしょう。一《ひと》つに○をつけましょう。

（　）やっと残雪《ざんせつ》をつかまえられるよろこび。
（○）大造《だいぞう》じいさんが手《て》をのばしても、残雪《ざんせつ》が、もうじたばたさわがなかったこと。

※「大造じいさんとガン」の教材は、令和二年度版　東京書籍　新しい国語　五
教育出版　ひろがる言葉　五上　にも掲載されています。

本書の解答は，あくまでもひとつの例です。児童に取り組ませる前に，必ず指導される方が問題を解いてください。指導される方の作られた解答をもとに，児童の多様な考えに寄り添って○つけをお願いします。

24 頁

大造《だいぞう》じいさんとガン (14)

名前

● 次《つぎ》の文章《ぶんしょう》を二回《にかい》読《よ》んで、答《こた》えましょう。

1

4

残雪《ざんせつ》は、大造《だいぞう》じいさんの
おりの中《なか》で、
㋐一冬《ひとふゆ》をこしました。
春《はる》になると、
そのむねのきずも治《なお》り、㋑
㋒体力《たいりょく》も元《もと》のようになりました。

2

ある晴《は》れた春《はる》の朝《あさ》でした。
じいさんは、おりのふたを㋓
いっぱいに開《あ》けてやりました。

（令和二年度版　光村図書　国語　五　銀河　椋《むく》　鳩十《はとじゅう》）

1

(1) 残雪《ざんせつ》は、どこで、㋐一冬《ひとふゆ》をこしましたか。

大造《だいぞう》じいさんの **おりの中**。

(2) 春《はる》になると、残雪《ざんせつ》のむねのきずと㋑㋒体力《たいりょく》は、どうなりましたか。□にあてはまる言葉《ことば》を書《か》きましょう。

むねのきずも **治り**、
体力《たいりょく》も **元のように** なりました。

2

(1) じいさんが、㋓おりのふたを開《あ》けてやったのは、いつですか。

ある晴《は》れた **春の朝**。

※「大造じいさんとガン」の教材は、令和二年度版　東京書籍　新しい国語　五
教育出版　ひろがる言葉　五上　にも掲載されています。

25 頁

大造《だいぞう》じいさんとガン (15)

名前

● 次《つぎ》の文章《ぶんしょう》を二回《にかい》読《よ》んで、答《こた》えましょう。

1

残雪《ざんせつ》は、あの長《なが》い首《くび》を
かたむけて、
とつぜんに広《ひろ》がった世界《せかい》に
㋐おどろいたようで
ありました。が、
バシッ。
快《こころよ》い羽音《はおと》一番《いちばん》、
一直線《いっちょくせん》に㋑空《そら》へ飛《と》び上《あ》がりました。

2

㋒らんまんとさいた
スモモの花《はな》が、
その羽《はね》にふれて、
雪《ゆき》のように清《きよ》らかに、
㋓はらはらと散《ち》りました。

（令和二年度版　光村図書　国語　五　銀河　椋《むく》　鳩十《はとじゅう》）

1

(1) 残雪《ざんせつ》は、何《なに》に㋐おどろいたのですか。

とつぜんに **広がった世界** に
おどろいたようでありました。

(2) ㋑空《そら》へ飛《と》び上《あ》がったのはだれですか。

残雪

2

(1) ㋒らんまんとさいたスモモの花《はな》とありますが、その様子《ようす》を表《あらわ》した文《ぶん》に○をつけましょう。

(◯) スモモの花《はな》がたくさん、さきみだれている。
(　) スモモの花《はな》が一《いち》りんだけ、満開《まんかい》にさいている。

(2) 残雪《ざんせつ》の羽《はね》にふれて㋓はらはらと散《ち》ったのは、何《なん》ですか。○をつけましょう。

(◯) スモモの花《はな》
(　) 清《きよ》らかな雪《ゆき》

※「大造じいさんとガン」の教材は、令和二年度版　東京書籍　新しい国語　五
教育出版　ひろがる言葉　五上　にも掲載されています。

26 頁

大造《だいぞう》じいさんとガン (16)

名前

● 次《つぎ》の文章《ぶんしょう》を二回《にかい》読《よ》んで、答《こた》えましょう。

1

「おうい、ガンの英雄《えいゆう》よ。
おまえみたいな㋐えらぶつを、
おれは、ひきょうなやり方《かた》で
やっつけたかあないぞ。
なあ、おい。今年《ことし》の冬《ふゆ》も、
仲間《なかま》を連《つ》れてぬま地《ち》に
やって来《こ》いよ。そうして、
㋑おれたちは、また堂々《どうどう》と
戦《たたか》おうじゃあないか。」

2

大造《だいぞう》じいさんは、花《はな》の下《した》に
立《た》って、こう大《おお》きな声《こえ》でガンに
㋒よびかけました。
そうして、残雪《ざんせつ》が北《きた》へ北《きた》へと
飛《と》び去《さ》っていくのを、
晴《は》れ晴《ば》れとした顔《かお》つきで
㋓見守《みまも》っていました。
いつまでも、
いつまでも、
見守《みまも》っていました。

（令和二年度版　光村図書　国語　五　銀河　椋《むく》　鳩十《はとじゅう》）

1

(1) ㋐えらぶつとは、どういう意味《いみ》ですか。○をつけましょう。

(◯) りっぱでえらいやつ。
(　) 「えらぶつ」という名前《なまえ》のやつ。

(2) 今年《ことし》の冬《ふゆ》も、㋑おれたちは、何《なに》をしようと言《い》っていますか。□に言葉《ことば》を書《か》きましょう。

また **堂々** と
戦おう じゃあないか。

2

(1) 大造《だいぞう》じいさんが㋒よびかけた、ガンの名前《なまえ》を書《か》きましょう。

残雪

(2) 大造《だいぞう》じいさんは、残雪《ざんせつ》が北《きた》へ飛《と》び去《さ》っていくのを、どんな顔《かお》つきで㋓見守《みまも》っていましたか。

晴れ晴れ とした
顔《かお》つきで見守《みまも》っていました。

※「大造じいさんとガン」の教材は、令和二年度版　東京書籍　新しい国語　五
教育出版　ひろがる言葉　五上　にも掲載されています。

27 頁

雪《ゆき》の夜明《よあ》け (1)

名前

● 次《つぎ》のあらすじと文章《ぶんしょう》を二回《にかい》読《よ》んで、答《こた》えましょう。

こおりつく寒《さむ》さの、静《しず》まりかえった夜《よる》の森《もり》で、雪《ゆき》の巣《す》あなに野《の》うさぎの子《こ》が、独《ひと》りぼっちでうずくまっています。夏《なつ》のある日《ひ》、おそろしいきつねにおそわれてにげた野《の》うさぎの子《こ》は、母《かあ》さんとはぐれたままです。そのときから野《の》うさぎの子《こ》は独《ひと》りなのです。ふくろうが、えものを待《ま》ちぶせしています。きばをむいたきつねが、巣《す》あなを目《め》がけておどりかかりました。空《そら》からはふくろうのかぎづめがふりかかります。

野《の》うさぎの子《こ》は、
㋐死《し》にものぐるいで雪《ゆき》をけります。
雪《ゆき》をけって、けって、
けり上《あ》げます。
息《いき》の続《つづ》くかぎり
㋑雪《ゆき》をけり、前《まえ》へ、前《まえ》へと、
飛《と》び出《だ》してゆきます。
㋒足《あし》を止《と》めたその時《とき》が、
野《の》うさぎの子《こ》の命《いのち》の終《お》わり
なのです。果《は》てもなく続《つづ》く、
一面《いちめん》の雪《ゆき》の野原《のはら》に、一《ひと》すじの
雪《ゆき》けむりがまい上《あ》がります。
ふり返《かえ》るひまはありません。
きつねはすぐ後《うし》ろに㋓せまり、
目《め》の前《まえ》は、立《た》ちはだかるように
そびえ立《た》つ雪《ゆき》の山《やま》です。

（令和二年度版　光村図書　国語　五　銀河　今村《いまむら》　葦子《あしこ》）

(1) ㋐死《し》にものぐるいで雪《ゆき》をけります。とありますが、だれが雪《ゆき》をけりますか。

野うさぎの子

(2) ㋑雪《ゆき》をけりは、何《なに》をしているのですか。一《ひと》つに○をつけましょう。

(　) 雪《ゆき》けりをして遊《あそ》んでいる。
(　) 雪《ゆき》をけってあなをほっている。
(◯) ひっしでにげている。

(3) ㋒足《あし》を止《と》めたその時《とき》に、野《の》うさぎの子《こ》の命《いのち》は、どうなるのですか。

野《の》うさぎの子《こ》の命《いのち》の
終わり なのです。

(4) すぐ後《うし》ろに、何《なに》が㋓せまりますか。

きつね

28頁

雪《ゆき》の夜《よ》明《あ》け (2)

名前

● 次《つぎ》の文章《ぶんしょう》を二回《にかい》読《よ》んで、答《こた》えましょう。

野《の》うさぎの子《こ》は、
最後《さいご》の最後《さいご》の
力《ちから》をふりしぼり、
一気《いっき》にかけ上《あ》がります。
そのとたん、㋐急《きゅう》に足《あし》が
軽《かる》くなりました。
深《ふか》い雪《ゆき》が、
野《の》うさぎの子《こ》の
後《うし》ろ足《あし》を
軽々《かるがる》と支《ささ》えています。
追《お》いつめる
㋑きつねの細《ほそ》い足《あし》は、
深《ふか》い雪《ゆき》のあなに
落《お》ちていました。
雪山《ゆきやま》の木《き》は、その枝々《えだえだ》で、
ふくろうのつばさをこばみ、
㋒さえぎりました。

（令和二年度版　光村図書　国語　五　銀河　今村《いまむら》　葦子《あしこ》）

(1) ㋐急《きゅう》に足《あし》が軽《かる》くなったのは、何《なに》が、何《なに》を支《ささ》えているからですか。分《わ》かる部分《ぶぶん》を文中《ぶんちゅう》から書《か》き出《だ》しましょう。

〔深い雪が野うさぎの子の後ろ足を軽々《かるがる》と支《ささ》えています。〕

(2) ㋑きつねの細《ほそ》い足《あし》は、どうなりましたか。

〔深《ふか》い雪《ゆき》のあなに落ちていました。〕

(3) だれが、ふくろうを㋒さえぎりましたか。一《ひと》つに○をつけましょう。

（　）野《の》うさぎの子《こ》
（　）深《ふか》い雪《ゆき》
（○）雪山《ゆきやま》の木《き》

29頁

雪《ゆき》の夜《よ》明《あ》け (3)

名前

● 次《つぎ》の文章《ぶんしょう》を二回《にかい》読《よ》んで、答《こた》えましょう。

1

野《の》うさぎの子《こ》が、雪山《ゆきやま》の
てっぺんに㋐たどり着《つ》いたとき、
きつねはふもとであらい息《いき》を
はき、ぼうぜんと立《た》ちつくして
いました。ふくろうのすがたも、
もうどこにもありません。
野《の》うさぎの子《こ》の耳元《みみもと》の
にこ毛《げ》が、風《かぜ》に
かすかにそよぎます。

※にこ毛《げ》…やわらかい毛《け》のこと。うぶ毛《げ》のこと。

2

夜《よる》が、白々《しらじら》と明《あ》けて
ゆきます。㋑遠《とお》くの山々《やまやま》が
あかがね色《いろ》にそまり、見《み》る間《ま》に
まばゆい金色《きんいろ》にかがやきます。
水《みず》の底《そこ》にしずんだように
光《ひかり》を失《うしな》っていた雪《ゆき》は、
しだいしだいに、
雪《ゆき》の白《しろ》さを取《と》りもどし、
朝《あさ》の光《ひかり》にきらめきます。
雪《ゆき》の夜《よ》明《あ》けの、㋒光《ひかり》のまほうです。

（令和二年度版　光村図書　国語　五　銀河　今村《いまむら》　葦子《あしこ》）

1

(1) 野《の》うさぎの子《こ》は、どこに㋐たどり着《つ》いたのですか。

雪山のてっぺん

(2) 野《の》うさぎの子《こ》は、きつねとふくろうにつかまりましたか。○をつけましょう。

（○）つかまらなかった。
（　）つかまった。

2

(1) 夜《よる》が明《あ》けて、㋑遠《とお》くの山々《やまやま》の色《いろ》は、どのようにかわりましたか。

〔あかがね色にそまり、見《み》る間《ま》にまばゆい金色にかがやきます。〕

(2) ㋒光《ひかり》のまほうで雪《ゆき》は、どうなりますか。二《ふた》つに○をつけましょう。

（○）雪《ゆき》の白《しろ》さをとりもどす。
（　）水《みず》の底《そこ》にしずんでいく。
（○）朝《あさ》の光《ひかり》にきらめく。

30頁

雪《ゆき》の夜《よ》明《あ》け (4)

名前

● 次《つぎ》の文章《ぶんしょう》を二回《にかい》読《よ》んで、答《こた》えましょう。

1

チッ、チチッ、ピッ。
森《もり》のどこかで小鳥《ことり》たちが
鳴《な》きはじめ、やがて、
いっせいに森中《もりじゅう》の鳥《とり》が
さえずりはじめます。
アカゲラは、木《き》のドラムを
たたきます。りすたちは、
木《き》の上《うえ》からかけ下《お》り、
㋐一面《いちめん》のまぶしい銀世界《ぎんせかい》を軽々《かるがる》と
とびはねます。雪《ゆき》の森《もり》が
目《め》を覚《さ》まし、夜《よ》明《あ》けの歌《うた》を
うたいはじめます。

2

野《の》うさぎの子《こ》は、
立《た》ち上《あ》がり、
耳《みみ》をぴんと立《た》てました。
血《ち》がたぎり、体中《からだじゅう》に
力《ちから》がみなぎっています。
強《つよ》い喜《よろこ》びがこみ上《あ》げてきます。

（令和二年度版　光村図書　国語　五　銀河　今村《いまむら》　葦子《あしこ》）

1

(1) 上《うえ》に書《か》かれたことをしている生《い》き物《もの》を下《した》から選《えら》んで、——線《せん》で結《むす》びましょう。

① チッ、チチッ、ピッ。と鳴《な》きはじめる ―― 小鳥《ことり》たち
② 木《き》のドラムをたたく ―― アカゲラ
③ 木《き》の上《うえ》からかけ下《お》りる ―― りすたち

(2) ㋐一面《いちめん》のまぶしい銀世界《ぎんせかい》をとびはねるのは、だれですか。

〔りすたち〕

2

(1) 2の文《ぶん》の中《なか》で野《の》うさぎの子《こ》は、どんな様子《ようす》ですか。次《つぎ》の文《ぶん》の□に言葉《ことば》を書《か》きましょう。

〔血《ち》がたぎり体中に力がみなぎっています。強《つよ》い喜びがこみ上《あ》げてきます。〕

31頁

雪《ゆき》の夜《よ》明《あ》け (5)

名前

● 次《つぎ》の文章《ぶんしょう》を二回《にかい》読《よ》んで、答《こた》えましょう。

登場人物《とうじょうじんぶつ》　野《の》うさぎの子《こ》・(野《の》うさぎの)女《おんな》の子《こ》

㋐トン。トン。
後《うし》ろ足《あし》で思《おも》いっきり強《つよ》く、
雪《ゆき》をたたきます。
㋑トン。トン。トン。トン。
それは、生《い》きる喜《よろこ》びの
㋒ばくはつです。
その喜《よろこ》びを遠《とお》くへ伝《つた》えるのは、
ふり積《つ》もった真《ま》っ白《しろ》い雪《ゆき》です。
喜《よろこ》びにやさしく応《こた》える音《おと》を
伝《つた》えてくるのも、
ふり積《つ》もった雪《ゆき》です。
㋓トン。トン。
遠《とお》くから応《こた》えるのは、
やさしい女《おんな》の子《こ》です。
「あたし、ここにいるよ。
ここにおいで。」
野《の》うさぎの子《こ》は応《こた》えます。
㋔「トン。今《いま》、行《い》くよ。
ぼく、そこに行《い》くよ。」
野《の》うさぎの子《こ》は、まっしぐらに
かけだします。

（令和二年度版　光村図書　国語　五　銀河　今村《いまむら》　葦子《あしこ》）

(1) ㋐「トン。トン。」は、何《なん》の音《おと》でしょう。

〔野《の》うさぎの子《こ》が後ろ足で雪をたたく音《おと》。〕

(2) それは、何《なん》の㋒ばくはつですか。

〔生きる喜びのばくはつです。〕

(3) ㋑トン。トン。トン。トン。と㋓トン。トン。は、それぞれ、だれが出《だ》した音《おと》ですか。あとの□から選《えら》んで〔　〕に書《か》きましょう。

㋑〔野うさぎの子〕
㋓〔野うさぎの女の子〕

・野《の》うさぎの女《おんな》の子《こ》　・野《の》うさぎの子《こ》

(4) ㋔は、だれが言《い》った言葉《ことば》ですか。

〔野うさぎの子〕

解答例

本書の解答は，あくまでもひとつの例です。児童に取り組ませる前に，必ず指導される方が問題を解いてください。指導される方の作られた解答をもとに，児童の多様な考えに寄り添って○つけをお願いします。

32 頁

手塚《て づか》治虫《おさむ》 (1)

名前

● 次《つぎ》の文章《ぶんしょう》を二回読《にかいよ》んで、答《こた》えましょう。

1

まんがなら、だれにも負《ま》けない
手塚治虫《てづかおさむ》（本名《ほんみょう》は治《おさむ》）は、
一九二八年《せんきゅうひゃくにじゅうはちねん》（昭和三年《しょうわさんねん》）十一月三日《じゅういちがつみっか》、
大阪府豊中市《おおさかふとよなかし》で生《う》まれた。
㋐子《こ》ども時代《じだい》を過《す》ごしたのは、
兵庫県宝塚市《ひょうごけんたからづかし》である。
治《おさむ》は体操《たいそう》は㋑苦手《にがて》だったが、
図画《ずが》や工作《こうさく》は㋒得意《とくい》だった。
三《さん》、四歳《よんさい》のころから、絵《え》をかく
楽《たの》しみを覚《おぼ》え、㋓小学校《しょうがっこう》に
入学《にゅうがく》するころには、絵《え》が大好《だいす》きに
なっていた。図画《ずが》の時間《じかん》になると、
風景《ふうけい》や人物《じんぶつ》をよく観察《かんさつ》して、
細《こま》かいところもしっかりかいた。

2

まんがをかくのも得意《とくい》だった。
母《はは》は、子《こ》ども向《む》けのまんが本《ぼん》を、
よく㋔買《か》ってきてくれた。治《おさむ》は
それをくり返《かえ》し読《よ》んで、せりふや
場面《ばめん》をすっかり暗記《あんき》したり、
まんがの主人公《しゅじんこう》の絵《え》を
かいたりした。

（令和二年度版　東京書籍　新しい国語　五　国松《くにまつ》　俊英《としひで》）

1

(1) 手塚治虫《てづかおさむ》が㋐子《こ》ども時代《じだい》を過《す》ごした所《ところ》に、○をつけましょう。

（　）大阪府豊中市《おおさかふとよなかし》

（〇）兵庫県宝塚市《ひょうごけんたからづかし》

(2) 治《おさむ》が㋑苦手《にがて》なことと、㋒得意《とくい》なことを書《か》きましょう。

㋑苦手《にがて》　体操

㋒得意《とくい》　図画 や 工作

(3) ㋓小学校《しょうがっこう》に入学《にゅうがく》するころには、何《なに》が大好《だいす》きになっていましたか。

絵

2

(1) 母《はは》は、何《なに》をよく㋔買《か》ってきてくれましたか。

子《こ》ども向《む》けの まんが本 をよく買《か》ってきてくれた。

33 頁

手塚《て づか》治虫《おさむ》 (2)

名前

● 次《つぎ》の文章《ぶんしょう》を二回読《にかいよ》んで、答《こた》えましょう。

1

㋐小学校《しょうがっこう》での治《おさむ》は、
いじめられっ子《こ》だった。
「どうしたら、いじめられない
ようになるのかな。」と
治《おさむ》は㋑考《かんが》えた。
いじめっ子《こ》にはできなくて、
自分《じぶん》にはできることを見《み》つけ、
やってみせればいい。
「そうだ、まんがをかくこと
だったら、だれにも負《ま》けないぞ。」

2

治《おさむ》が得意《とくい》のまんがを
㋒かいてみせると、
いじめっ子《こ》たちはおどろいた。
治《おさむ》はいじめっ子《こ》たちに、好《す》きな
まんがの主人公《しゅじんこう》をかいてやり、
ノートにかいたまんがの作品《さくひん》を
見《み》せた。その出来《でき》ばえに、
だれもが感心《かんしん》して、㋓いじめは
なくなっていった。

（令和二年度版　東京書籍　新しい国語　五　国松《くにまつ》　俊英《としひで》）

1

(1) ㋐小学校《しょうがっこう》での治《おさむ》は、どんな子《こ》だったのですか。

いじめられっ子

(2) 治《おさむ》は何《なに》を㋑考《かんが》えたのですか。○をつけましょう。

（　）どうしたら、いじめっ子《こ》になれるのか。

（〇）どうしたら、いじめられないようになるのか。

2

(1) 治《おさむ》は、何《なに》を㋒かいてみせましたか。

得意《とくい》の まんが。

(2) 治《おさむ》への㋓いじめはなくなっていったのはなぜですか。

治《おさむ》がかいたまんがの 出来ばえ に、だれもが 感心 したから。

34 頁

手塚《て づか》治虫《おさむ》 (3)

名前

● 次《つぎ》の文章《ぶんしょう》を二回読《にかいよ》んで、答《こた》えましょう。

1

どうしたらおもしろい
まんがをかけるのか。
㋐絵《え》のかき方《かた》やストーリーについて
くふうしたので、治《おさむ》のまんがは
どんどんうまくなっていった。
そして前《まえ》よりも、もっと
まんがが好《す》きになった。

2

三年生《さんねんせい》の二学期《にがっき》から、クラスの
担任《たんにん》は乾秀雄《いぬいひでお》先生《せんせい》になった。
乾先生《いぬいせんせい》は作文《さくぶん》に㋑力《ちから》を入《い》れていた
ので、作文《さくぶん》の時間《じかん》が増《ふ》えた。
治《おさむ》は、㋒作文《さくぶん》の時間《じかん》が好《す》きだった。
題材《だいざい》が見《み》つからないでこまっている
子《こ》もいたが、治《おさむ》には書《か》きたいことが
たくさんあった。作文《さくぶん》を書《か》くのは
楽《たの》しく、原《げん》こう用紙《ようし》に十枚《じゅうまい》、
二十枚《にじゅうまい》書《か》くのも平気《へいき》だった。
五十枚以上《ごじゅうまいいじょう》書《か》いて、
みんなを㋓おどろかせた
こともあった。

（令和二年度版　東京書籍　新しい国語　五　国松《くにまつ》　俊英《としひで》）

1

(1) 治《おさむ》は、どんなことを㋐くふうしたのですか。二《ふた》つ書《か》きましょう。

・絵のかき方

・ストーリー

2

(1) 乾先生《いぬいせんせい》は、何《なに》に㋑力《ちから》を入《い》れていたのですか。

作文

(2) 治《おさむ》が、㋒作文《さくぶん》の時間《じかん》が好《す》きだったのは、なぜですか。○をつけましょう。

（　）題材《だいざい》が見《み》つからなかったから。

（〇）書《か》きたいことがたくさんあったから。

(3) 治《おさむ》は、何《なに》をしてみんなを㋓おどろかせたのですか。

作文《さくぶん》を原《げん》こう用紙《ようし》に 五十枚 以上《いじょう》書《か》いて、みんなをおどろかせたこともあった。

35 頁

手塚《て づか》治虫《おさむ》 (4)

名前

● 次《つぎ》の文章《ぶんしょう》を二回読《にかいよ》んで、答《こた》えましょう。

1

乾先生《いぬいせんせい》の指導《しどう》で㋐作文《さくぶん》を
たくさん書《か》いたことは、
大人《おとな》になってから、まんがの
ストーリーを考《かんが》えるときに
役立《やくだ》った。
三年生《さんねんせい》のときには、
星《ほし》や宇宙《うちゅう》に㋑興味《きょうみ》を
持《も》つようになり、
昆虫採集《こんちゅうさいしゅう》も始《はじ》めた。

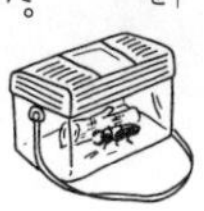

2

四年生《よねんせい》になって、治《おさむ》のかいた
「ピンピン生《せい》チャン」という
まんがが、㋒教室《きょうしつ》で大評判《だいひょうばん》に
なった。そのころ、
日本《にほん》は戦争中《せんそうちゅう》で、本屋《ほんや》にも
まんが本《ぼん》は売《う》っていなかった。
それでみんなは、治《おさむ》がノートに
かいたまんがを回覧《かいらん》して
楽《たの》しんでいたのである。

（令和二年度版　東京書籍　新しい国語　五　国松《くにまつ》　俊英《としひで》）

1

(1) ㋐作文《さくぶん》をたくさん書《か》いたことは、大人《おとな》になってから、どんなときに役立《やくだ》ちましたか。

まんがの ストーリー を 考える ときに役立《やくだ》った。

(2) 三年生《さんねんせい》のときには、何《なに》に㋑興味《きょうみ》を持《も》つようになりましたか。

星 や 宇宙 。

2

(1) ㋒教室《きょうしつ》で大評判《だいひょうばん》になったまんがの、題名《だいめい》を書《か》きましょう。

「ピンピン生チャン」

(2) ㋒教室《きょうしつ》で大評判《だいひょうばん》になったのはなぜですか。○をつけましょう。

（　）治《おさむ》のまんがは、日本国内《にほんこくない》でとても有名《ゆうめい》だったから。

（〇）戦争中《せんそうちゅう》で、本屋《ほんや》にもまんが本《ぼん》が売《う》っていなかったから。

本書の解答は，あくまでもひとつの例です。児童に取り組ませる前に，必ず指導される方が問題を解いてください。指導される方の作られた解答をもとに，児童の多様な考えに寄り添って○つけをお願いします。

解答例

36 頁

手塚治虫《てづかおさむ》 (5)

● 次《つぎ》の文章《ぶんしょう》を二回《にかい》読《よ》んで、答《こた》えましょう。

名前

1

ある日《ひ》、治《おさむ》のまんがを読《よ》んでいた
㋐女《おんな》の子《こ》が先生《せんせい》に見《み》つかり、
ノートを取《と》り上《あ》げられた。
「きっと大目玉《おおめだま》をくらうぞ。
二度《にど》とまんがをかいたら
いけないと㋑言《い》われるんだろうな。」
治《おさむ》は覚《かく》ごを決《き》めた。

2

ところが、乾先生《いぬいせんせい》は
おこるどころか、よくできて
いるとほめてくれたのだ。
「このまんがの続《つづ》きをかいたら、
㋒わたしにも読《よ》ませてほしいな。」
先生《せんせい》の言葉《ことば》に、治《おさむ》はほっとした。
そして先生《せんせい》は続《つづ》けて、こう言《い》った。
「手塚《てづか》は大人《おとな》になったら、
まんが家《か》に
なれるかもしれないよ。」
治《おさむ》は、最初《さいしょ》びっくりし、次《つぎ》には
飛《と》び上《あ》がりたいほど、㋓うれしい
気持《きも》ちになった。先生《せんせい》は、治《おさむ》の
まんがをみとめてくれ、大《おお》きな
自信《じしん》と勇気《ゆうき》をあたえてくれた。

（令和二年度版　東京書籍　新しい国語　五　国松《くにまつ》　俊英《としひで》）

1

(1) この㋐ノートには何《なに》が書《か》いてあったのですか。○をつけましょう。

（○）治《おさむ》のかいたまんが
（　）女《おんな》の子《こ》のかいたまんが

(2) 治《おさむ》は、何《なん》と㋑言《い》われると覚《かく》ごを決《き》めたのですか。

二度《にど》と **まんが** を
かいたら **いけない**。

2

(1) ㋒わたしにも読《よ》ませてほしいなと言《い》ったのはだれですか。

乾先生

(2) 治《おさむ》が飛《と》び上《あ》がりたいほど、㋓うれしい気持《きも》ちになった、乾先生《いぬいせんせい》が言《い》った言葉《ことば》を書《か》きましょう。

「手塚《てづか》は大人《おとな》になったら、
まんが家 に
なれる かも
しれないよ。」

37 頁

雪《ゆき》わたり (1)

● 次《つぎ》の文章《ぶんしょう》を二回《にかい》読《よ》んで、答《こた》えましょう。

名前

かわいらしい
きつねの女《おんな》の子《こ》が、
きびだんごをのせた㋐お皿《さら》を
二《ふた》つ㋑持《も》ってきました。
四郎《しろう》はすっかり
㋒弱《よわ》ってしまいました。
なぜってたった今《いま》、
太右衛門《たえもん》と清作《せいさく》との
悪《わる》いものを知《し》らないで
食《た》べたのを
見《み》ているのですから。
それにきつねの学校生徒《がっこうせいと》が、
みんなこっちを向《む》いて、
「食《く》うだろうか。ね。
食《く》うだろうか。」なんて、
㋓ひそひそ話《はな》し合《あ》って
いるのです。

（令和二年度版　教育出版　ひろがる言葉　小学国語　五下　宮沢《みやざわ》　賢治《けんじ》）

(1) 何《なに》を㋐のせたお皿《さら》を持《も》ってきましたか。

きびだんご

(2) だれが㋑持《も》ってきましたか。

きつね の **女の子**。

(3) 四郎《しろう》がすっかり㋒弱《よわ》ってしまったのは、なぜですか。

たった今《いま》、太右衛門《たえもん》と清作《せいさく》との
悪いもの を
知《し》らないで **食べた**
のを見《み》ているのですから。

(4) ㋓ひそひそ話《はな》し合《あ》っているのは、だれですか。○をつけましょう。

（　）太右衛門《たえもん》と清作《せいさく》
（○）きつねの学校生徒《がっこうせいと》

38 頁

雪《ゆき》わたり (2)

● 次《つぎ》の文章《ぶんしょう》を二回《にかい》読《よ》んで、答《こた》えましょう。

名前

1

かん子《こ》は、はずかしくて
お皿《さら》を手《て》に持《も》ったまま、
㋐真《ま》っ赤《か》になってしまいました。
すると四郎《しろう》が、決心《けっしん》して
言《い》いました。
「ね。㋑食《た》べよう。お食《た》べよ。
ぼくは、紺三郎《こんざぶろう》さんが
ぼくらをだますなんて
思《おも》わないよ。」

2

そして二人《ふたり》は、
きびだんごを
みんな食《た》べました。
そのおいしいことは、㋒
ほっぺたも落《お》ちそうです。
きつねの学校生徒《がっこうせいと》は、
もうあんまり喜《よろこ》んで、㋓
みんなおどり上《あ》がって
しまいました。

（令和二年度版　教育出版　ひろがる言葉　小学国語　五下　宮沢《みやざわ》　賢治《けんじ》）

1

(1) ㋐真《ま》っ赤《か》になってしまったのは、だれですか。

かん子

(2) ㋑食《た》べようと言《い》っているのは、だれですか。一《ひと》つに○をつけましょう。

（　）かん子《こ》
（○）四郎《しろう》
（　）紺三郎《こんざぶろう》

2

(1) きびだんごの㋒おいしいことを、どのように表現《ひょうげん》していますか。

ほっぺた も
落ち そうです。

(2) きつねの学校生徒《がっこうせいと》は、㋓あんまり喜《よろこ》んで、どうしましたか。

みんな
おどり上がって
しまいました。

39 頁

雪《ゆき》わたり (3)

● 次《つぎ》の文章《ぶんしょう》を二回《にかい》読《よ》んで、答《こた》えましょう。

名前

キックキックトントン、
キックキックトントン。
「昼《ひる》はカンカン日《ひ》の光《ひかり》
夜《よる》はツンツン月明《つきあ》かり
たとえ体《からだ》をさかれても
きつねの生徒《せいと》はうそ言《い》うな。」
キック、キックトントン、
キックキックトントン。
「昼《ひる》はカンカン日《ひ》の光《ひかり》
夜《よる》はツンツン月明《つきあ》かり
たとえこごえてたおれても
きつねの生徒《せいと》はぬすまない。」
キックキックトントン、
キックキックトントン。
「昼《ひる》はカンカン日《ひ》の光《ひかり》
夜《よる》はツンツン月明《つきあ》かり
たとえ体《からだ》がちぎれても
きつねの生徒《せいと》はそねまない。」
※そねむ…うらやましく思《おも》ってねたむ

（令和二年度版　教育出版　ひろがる言葉　小学国語　五下　宮沢《みやざわ》　賢治《けんじ》）

(1) □にあてはまる言葉《ことば》を、カタカナで書《か》きましょう。

昼《ひる》は **カンカン** 日《ひ》の光《ひかり》
夜《よる》は **ツンツン** 月明《つきあ》かり

(2) キツネの生徒《せいと》は、「たとえ何《なに》を されても、何《なに》をするな」と言《い》っていますか。次《つぎ》の上《うえ》の言葉《ことば》と下《した》の言葉《ことば》を――線《せん》で結《むす》びましょう。

① 体《からだ》を さかれても ―― うそ言《い》うな
② こごえて たおれても ―― ぬすまない
③ 体《からだ》が ちぎれても ―― そねまない

本書の解答は，あくまでもひとつの例です。児童に取り組ませる前に，必ず指導される方が問題を解いてください。指導される方の作られた解答をもとに，児童の多様な考えに寄り添って○つけをお願いします。

40頁

雪《ゆき》わたり (4)

● 次《つぎ》の文章《ぶんしょう》を二回《にかい》読《よ》んで、答《こた》えましょう。

名前

1

キックキックトントン、
キックキックトントン。
四郎《しろう》もかん子《こ》も、あんまり
うれしくて、㋐なみだが
こぼれました。
笛《ふえ》がピーと鳴《な》りました。
『わなをけいべつすべからず』
と、大《おお》きな字《じ》がうつり、㋑それが
消《き》えて、絵《え》がうつりました。

2

きつねのこん兵衛《べえ》が、
㋒わなに左足《ひだりあし》を
とられた景色《けしき》です。
「きつねこんこんきつねの子《こ》、
去年《きょねん》きつねのこん兵衛《べえ》が
左《ひだり》の足《あし》をわなに入《い》れ
こんこんばたばた
こんこんこん。」
と、みんなが歌《うた》いました。

（令和二年度版　教育出版　ひろがる言葉　小学国語　五下　宮沢　賢治）

1

(1) 四郎《しろう》もかん子《こ》も、なぜ㋐なみだがこぼれたのですか。

〔あんまり **うれしくて**、なみだがこぼれました。〕

(2) ㋑それが消《き》えて、とありますが、何《なに》が消《き》えたのですか。一《ひと》つに○をつけましょう。

（　）ピーと鳴《な》る笛《ふえ》の絵《え》
（○）大《おお》きな字《じ》
（　）きつねのこん兵衛《べえ》の絵《え》

2

(1) ㋒わなに左足《ひだりあし》をとられたきつねの名前《なまえ》を書《か》きましょう。

こん兵衛

(2) きつねのこん兵衛《べえ》が㋒わなに左足《ひだりあし》をとられたのは、いつですか。□から言葉《ことば》を選《えら》び□に書《か》きましょう。

去年

きのう　去年《きょねん》　先月《せんげつ》

41頁

雪《ゆき》わたり (5)

● 次《つぎ》の文章《ぶんしょう》を二回《にかい》読《よ》んで、答《こた》えましょう。

名前

1

四郎《しろう》が、そっとかん子《こ》に
言《い》いました。
㋐「ぼくの作《つく》った歌《うた》だねい。」
絵《え》が消《き》えて、
『火《ひ》をけいべつすべからず』と
いう字《じ》が㋑現《あらわ》れました。それも
消《き》えて、絵《え》がうつりました。
きつねのこん助《すけ》が焼《や》いたお魚《さかな》を
取《と》ろうとして、しっぽに
火《ひ》がついたところです。

2

きつねの生徒《せいと》が、
㋒みなさけびました。
「きつねこんこんきつねの子《こ》、
去年《きょねん》きつねのこん助《すけ》が
焼《や》いた魚《さかな》を
㋓取《と》ろとして
おしりに火《ひ》がつき
きゃんきゃんきゃん。」

（令和二年度版　教育出版　ひろがる言葉　小学国語　五下　宮沢　賢治）

1

(1) ㋐「ぼくの作《つく》った歌《うた》だねい。」は、だれが、だれに言《い》った言葉《ことば》ですか。

・だれが〔**四郎**〕が
・だれに〔**かん子**〕に

(2) どんな字《じ》が㋑現《あらわ》れましたか。〔　〕に書《か》きましょう。

〔『**火をけいべつすべからず**』〕

2

(1) だれが㋒さけびましたか。一《ひと》つに○をつけましょう。

（○）きつねの生徒《せいと》
（　）四郎《しろう》
（　）きつねのこん助《すけ》

(2) きつねのこん助《すけ》は、何《なに》を㋓取《と》ろとしたのですか。

焼いた魚

42頁

雪《ゆき》わたり (6)

● 次《つぎ》の文章《ぶんしょう》を二回《にかい》読《よ》んで、答《こた》えましょう。

名前

1

笛《ふえ》がピーと鳴《な》り、まくは
明《あか》るくなって、紺三郎《こんざぶろう》がまた
出《で》てきて言《い》いました。
㋐「みなさん。今晩《こんばん》の幻灯《げんとう》はこれで
おしまいです。今夜《こんや》みなさんは、
㋐深《ふか》く心《こころ》にとめなければならない
ことがあります。それは、
きつねのこしらえたものを、
かしこい少《すこ》しもよわない人間《にんげん》の
お子《こ》さんが食《た》べてくだすった
ということです。

2

そこでみなさんは、これからも、
大人《おとな》になっても、うそをつかず、
人《ひと》をそねまず、わたしども
きつねの今《いま》までの悪《わる》い評判《ひょうばん》を
㋑すっかりなくしてしまうだろうと
思《おも》います。閉会《へいかい》の辞《じ》です。」
きつねの生徒《せいと》は、みんな感動《かんどう》して、
両手《りょうて》を上《あ》げ、ワーッと
立《た》ち上《あ》がりました。
そして、キラキラ
なみだをこぼしたのです。

（令和二年度版　教育出版　ひろがる言葉　小学国語　五下　宮沢　賢治）

1

(1) ㋐は、だれが言《い》った言葉《ことば》ですか。
（※習《なら》っていない漢字《かんじ》はひらがなで書《か》きましょう。）

〔**こんざぶろう（紺三郎）**〕

(2) ㋐深《ふか》く心《こころ》にとめなければならないこととは、何《なん》ですか。□にあてはまる言葉《ことば》を書《か》きましょう。

〔**きつね**のこしらえたものを**人間**のお子《こ》さんが**食べて**くだすったということ。〕

2

(1) 紺三郎《こんざぶろう》は何《なに》を㋑すっかりなくしてしまうだろうと思《おも》うのですか。

〔わたしどもきつねの今《いま》までの**悪い評判**。〕

(2) きつねの生徒《せいと》は、みんな感動《かんどう》して、何《なに》をしましたか。二《ふた》つに○をつけましょう。

（○）キラキラなみだをこぼした。
（　）笛《ふえ》をピーと鳴《な》らした。
（○）両手《りょうて》を上《あ》げ、ワーッと立《た》ち上《あ》がった。

43頁

雪《ゆき》わたり (7)

● 次《つぎ》の文章《ぶんしょう》を二回《にかい》読《よ》んで、答《こた》えましょう。

名前

1

紺三郎《こんざぶろう》が、二人《ふたり》の前《まえ》に来《き》て、
ていねいにおじぎをして
言《い》いました。
㋐「それでは。さようなら。
今夜《こんや》のごおんは決《けっ》して
㋐わすれません。」

2

登場人物《とうじょうじんぶつ》　四郎《しろう》　かんこ　紺三郎《こんざぶろう》　きつねの生徒《せいと》たち

二人《ふたり》も、おじぎをして、
うちの方《ほう》へ帰《かえ》りました。
きつねの生徒《せいと》たちが、
㋑追《お》いかけてきて、
二人《ふたり》のふところやかくしに、
どんぐりだのくりだの
青光《あおびか》りの石《いし》だのを㋒入《い》れて、
「そら、あげますよ。」
「そら、取《と》ってください。」
なんて言《い》って、風《かぜ》のようににげ
帰《かえ》っていきます。
紺三郎《こんざぶろう》は笑《わら》って見《み》ていました。

（令和二年度版　教育出版　ひろがる言葉　小学国語　五下　宮沢　賢治）

1

(1) ㋐の言葉《ことば》は、だれが言《い》った言葉《ことば》ですか。一《ひと》つに○をつけましょう。

（　）四郎《しろう》
（　）かんこ
（○）紺三郎《こんざぶろう》

(2) 何《なに》を決《けっ》して㋐わすれませんと言《い》っているのですか。

〔今夜《こんや》の**ごおん**。〕

2

(1) 四郎《しろう》とかんこを㋑追《お》いかけてきたのは、だれですか。

〔**きつね**の**生徒**たち。〕

(2) 二人《ふたり》のふところやかくしに何《なに》を㋒入《い》れてくれましたか。三《みっ》つ書《か》きましょう。

どんぐり
くり
青光りの石

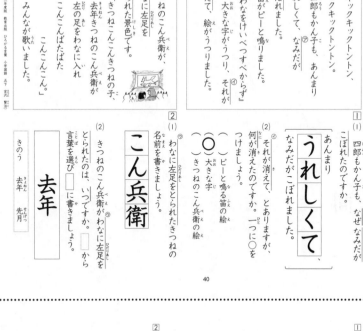

44 頁

みすゞ《(ず)》さがしの旅《たび》 ——みんなちがって、みんないい (1)

名前

● 次《つぎ》の文章《ぶんしょう》を二回《にかい》読《よ》んで、答《こた》えましょう。

金子《かねこ》みすゞ《(ず)》という
美《うつく》しい名前《なまえ》をもった
㋐女性詩人《じょせいしじん》を知《し》ったのは、
㋑昭和四十一《しょうわよんじゅういち》（一九六六《せんきゅうひゃくろくじゅうろく》）年《ねん》、
わたしが大学一年《だいがくいちねん》の時《とき》でした。
『日本童謡集《にほんどうようしゅう》』という
㋒本《ほん》の中《なか》に、金子《かねこ》みすゞ《(ず)》の
『大漁《たいりょう》』という作品《さくひん》が、
㋓一編《いっぺん》だけのっていたのです。

（令和二年度版　教育出版　ひろがる言葉　小学国語　五下　矢崎《やざき》　節夫《せつお》）

(1) 美《うつく》しい名前《なまえ》をもった㋐女性詩人《じょせいしじん》の、名前《なまえ》を書《か》きましょう。

金子みすゞ

(2) わたしが金子《かねこ》みすゞ《(ず)》を知《し》ったのは、㋑昭和《しょうわ》何年《なんねん》でしたか。

昭和《しょうわ》 四十一 年《ねん》、わたしが大学一年《だいがくいちねん》の時《とき》でした。

(3) 何《なん》という㋒本《ほん》の中《なか》に、金子《かねこ》みすゞ《(ず)》の作品《さくひん》がのっていましたか。○をつけましょう。

（　）女性詩人《じょせいしじん》
（○）日本童謡《にほんどうよう》集《しゅう》
（　）大漁《たいりょう》

(4) ㋓一編《いっぺん》だけのっていた金子《かねこ》みすゞ《(ず)》の作品《さくひん》の題名《だいめい》を書《か》きましょう。

『大漁』という作品《さくひん》。

45 頁

みすゞ《(ず)》さがしの旅《たび》 ——みんなちがって、みんないい (2)

名前

● 次《つぎ》の文章《ぶんしょう》を二回《にかい》読《よ》んで、答《こた》えましょう。

大漁《たいりょう》

朝《あさ》やけ小《こ》やけだ
大漁《たいりょう》だ
大《おお》ばいわしの
㋐大漁《たいりょう》だ。

㋑はまは祭《まつ》りの
ようだけど
㋒海《うみ》のなかでは
何万《なんまん》の
いわしの㋓とむらい
するだろう。

（令和二年度版　教育出版　ひろがる言葉　小学国語　五下　矢崎《やざき》　節夫《せつお》）

(1) 何《なに》が㋐大漁《たいりょう》なのですか。

大《おお》ばいわし。

(2) ㋑はまは何《なん》のようなのですか。

祭り

(3) ㋒海《うみ》のなかでは何《なに》をするのですか。

何万《なんまん》の いわしのとむらい。

(4) ㋓とむらいとは何《なに》ですか。一《ひと》つに○をつけましょう。

（　）祭《まつ》りのおどり
（　）大漁《たいりょう》のおいわい
（○）おそうしき

46 頁

みすゞ《(ず)》さがしの旅《たび》 ——みんなちがって、みんないい (3)

名前

● 次《つぎ》の文章《ぶんしょう》を二回《にかい》読《よ》んで、答《こた》えましょう。

1

この作品《さくひん》を読《よ》んだ時《とき》、
わたしは強《つよ》く心《こころ》を
㋐動《うご》かされました。
大漁《たいりょう》を喜《よろこ》ぶ人々《ひとびと》の、
お祭《まつ》りのようににぎわう
はま辺《べ》を見《み》つめながら、
そのうらにかくれている、
海《うみ》の魚《さかな》たちの悲《かな》しみを見《み》つめた、
㋑一人《ひとり》のやさしい詩人《しじん》の目《め》を
感《かん》じたからです。

2

食《た》べる人間《にんげん》も
食《た》べられる魚《さかな》も、
同《おな》じ命《いのち》だと、この詩人《しじん》は
㋒うたっているのです。
それは人間中心《にんげんちゅうしん》の
考《かんが》え方《かた》ではなく、
もっと深《ふか》いやさしさでした。

（令和二年度版　教育出版　ひろがる言葉　小学国語　五下　矢崎《やざき》　節夫《せつお》）

1

(1) わたしは強《つよ》く、何《なに》を㋐動《うご》かされましたか。

心

(2) ㋑一人《ひとり》のやさしい詩人《しじん》の目《め》は、はま辺《べ》を見《み》つめながら、うらにかくれている、何《なに》を見《み》つめましたか。○をつけましょう。

（○）海《うみ》の魚《さかな》たちの悲《かな》しみ。
（　）わたしが読《よ》んだ作品《さくひん》。

2

(1) この詩人《しじん》が㋒うたっていることを書《か》きましょう。

食《た》べる人間も
食《た》べられる魚も、
同じ命だと、
この詩人《しじん》はうたっているのです。

47 頁

みすゞ《(ず)》さがしの旅《たび》 ——みんなちがって、みんないい (4)

名前

● 次《つぎ》の文章《ぶんしょう》を二回《にかい》読《よ》んで、答《こた》えましょう。

1

——金子《かねこ》みすゞ《(ず)》という人《ひと》は、
いったいどんな人《ひと》なのだろう。
——金子《かねこ》みすゞ《(ず)の》の作品《さくひん》を、
もっと読《よ》みたい。
『大漁《たいりょう》』という一編《いっぺん》の作品《さくひん》に
出会《であ》ったことで、わたしは
みすゞ《(ず)》の人《ひと》と作品《さくひん》に
㋐ひきつけられ、
「みすゞ《(ず)》さがし」が
㋑始《はじ》まったのでした。

2

大学《だいがく》への行《い》き帰《かえ》り、
古本屋街《ふるほんやがい》に行《い》っては、
金子《かねこ》みすゞ《(ず)》の名前《なまえ》や
㋒作品《さくひん》がのっている本《ほん》を
さがし歩《ある》きました。
しかし、みすゞ《(ず)》の名前《なまえ》にも
作品《さくひん》にも、
一度《いちど》も出会《であ》うことは
できませんでした。

（令和二年度版　教育出版　ひろがる言葉　小学国語　五下　矢崎《やざき》　節夫《せつお》）

1

(1) 『大漁《たいりょう》』という一編《いっぺん》の作品《さくひん》に出会《であ》ったことで、わたしはみすゞ《(ず)》の、何《なに》に㋐ひきつけられましたか。

みすゞ《(ず)》の人と作品。

(2) 何《なに》が㋑始《はじ》まったのですか。

「みすゞさがし」

2

(1) わたしは古本屋街《ふるほんやがい》へ行《い》っては、何《なに》を㋒さがし歩《ある》きましたか。

金子《かねこ》みすゞ《(ず)》の名前や
作品がのっている本。

(2) さがし歩《ある》いたものは、みつかりましたか。○をつけましょう。

（　）くろうしてやっと見《み》つかった。
（○）見《み》つからなかった。

本書の解答は，あくまでもひとつの例です。児童に取り組ませる前に，必ず指導される方が問題を解いてください。指導される方の作られた解答をもとに，児童の多様な考えに寄り添って○つけをお願いします。

48頁

みすゞ《ず》さがしの旅《たび》 ──みんなちがって、みんないい (5)

名前

● 次《つぎ》の文章《ぶんしょう》を二回《にかい》読《よ》んで、答《こた》えましょう。

金子《かねこ》みすゞ《ず》の作品《さくひん》は、
小《ちい》さなもの、力《ちから》の弱《よわ》いもの、
そこにあるのに気《き》がつかれない
もの、本当《ほんとう》は大切《たいせつ》なものなのに
わすれてしまわれがちなもの
──この地球《ちきゅう》という星《ほし》に
存在《そんざい》する全《すべ》てのものに対《たい》し、
深《ふか》いやさしい㋐まなざしを
投《な》げかけたものばかりです。
みすゞ《ず》は、
この世《よ》に存在《そんざい》する
全《すべ》てのものが、
それぞれちがうからこそ
すばらしく、
一人一人《ひとりひとり》がちがうからこそ
大切《たいせつ》で、
すてきなのだということを、
こんなふうに
㋑うたってくれています。

（令和二年度版　教育出版　ひろがる言葉　小学国語　五下　矢崎《やざき》　節夫《せつお》）

(1) 金子《かねこ》みすゞ《ず》の作品《さくひん》は、どんな㋐まなざしを投《な》げかけたものばかりですか。

深《ふか》い **やさしい** まなざしを投《な》げかけたものばかりです。

(2) みすゞ《ず》が、㋑うたってくれていることは、どんなことですか。□に言葉《ことば》を書《か》きましょう。

この世《よ》に存在《そんざい》する **全て** のものが、それぞれ **ちがう** からこそ **すばらしく**、一人一人《ひとりひとり》がちがうからこそ **大切** で、 **すてき** なのだということ。

49頁

みすゞ《ず》さがしの旅《たび》 ──みんなちがって、みんないい (6)

名前

● 次《つぎ》の文章《ぶんしょう》を二回《にかい》読《よ》んで、答《こた》えましょう。

わたしと小鳥《ことり》とすずと

わたしが両手《りょうて》をひろげても、
㋐お空《そら》はちっともとべないが、
とべる小鳥《ことり》はわたしのように、
㋑地面《じべた》をはやくは走《はし》れない。

わたしがからだをゆすっても、
きれいな音《おと》はでないけど、
あの鳴《な》るすずはわたしのように
たくさんなうたは知《し》らないよ。

すずと、小鳥《ことり》と、それからわたし、
みんなちがって、みんないい。

（令和二年度版　教育出版　ひろがる言葉　小学国語　五下　矢崎《やざき》　節夫《せつお》）

(1) ㋐お空《そら》はちっともとべないのは、だれですか

わたし

(2) ㋑地面《じべた》をはやくは走《はし》れないのは、だれですか。

小鳥

(3) 次《つぎ》の文《ぶん》で、わたしのことが書《か》かれている文《ぶん》に（わ）、鳴《な》るすずのことが書《か》かれている文《ぶん》に（す）と書《か》きましょう。

（**す**）きれいな音《おと》がでる。
（**わ**）きれいな音《おと》がでない。
（**わ**）たくさんなうたを知《し》っている。
（**す**）たくさんなうたは知《し》らない。

(4) 第三連《だいさんれん》には、どんなことが書《か》かれていますか。□に言葉《ことば》を書《か》きましょう。

みんな **ちがって** みんな **いい**。

50頁

敬語《けいご》 (1)

名前

(1) 敬語《けいご》には、次《つぎ》の三種類《さんしゅるい》があります。説明《せつめい》の文《ぶん》を下《した》から選《えら》んで──線《せん》で結《むす》びましょう。

㋐ 尊敬語《そんけいご》 ── 話《はな》す相手《あいて》や、話題《わだい》になっている人《ひと》を高《たか》めることで、その人《ひと》に敬意《けいい》を表《あらわ》す言《い》い方《かた》。
㋑ けんじょう語《ご》 ── 自分《じぶん》や身内《みうち》の動作《どうさ》を低《ひく》めることで、相手《あいて》や話題《わだい》になっている人《ひと》に敬意《けいい》を表《あらわ》す言《い》い方《かた》。
㋒ ていねい語《ご》 ── ことがらをていねいに言《い》う言《い》い方《かた》。

(2) 次《つぎ》の文《ぶん》には、どの種類《しゅるい》の敬語《けいご》が使《つか》われていますか。□から選《えら》んで、（　）に㋐㋑㋒の記号《きごう》を書《か》きましょう。

① 夕食《ゆうしょく》を食《た》べます。（**ウ**）
② 夕食《ゆうしょく》をいただく。（**イ**）
③ 夕食《ゆうしょく》をめしあがる。（**ア**）

㋐ 尊敬語《そんけいご》
㋑ けんじょう語《ご》
㋒ ていねい語《ご》

51頁

敬語《けいご》 (2)

名前

(1) 次《つぎ》の文《ぶん》には、㋐尊敬語《そんけいご》、㋑けんじょう語《ご》、㋒ていねい語《ご》のどの種類《しゅるい》の敬語《けいご》が使《つか》われていますか。（　）に㋐・㋑・㋒の記号《きごう》を書《か》きましょう。

① （**ア**）先生《せんせい》がおっしゃる。
② （**ウ**）先生《せんせい》が言《い》います。
③ （**イ**）先生《せんせい》に申《もう》し上《あ》げる。
④ （**イ**）家《いえ》にうかがう。
⑤ （**ア**）家《いえ》にいらっしゃる。
⑥ （**ウ**）家《いえ》に行《い》きます。

(2) 次《つぎ》の──線《せん》を引《ひ》いた敬語《けいご》の意味《いみ》に○をつけましょう。

① お客様《きゃくさま》が、昼食《ちゅうしょく》をめしあがる。
（　）作《つく》る。（**○**）食《た》べる。（　）買《か》う。

② 先生《せんせい》が手紙《てがみ》をくださる。
（**○**）くれる。（　）落《お》とす。（　）やぶる。

③ そちらへまいります。
（　）待《ま》つ。（　）帰《かえ》る。（**○**）行《い》く。

52頁

敬語《けいご》（3）――尊敬語《そんけいご》

名前

● 尊敬語《そんけいご》には、次《つぎ》のような言《い》い方《かた》があります。――線《せん》の言葉《ことば》にあてはまる尊敬語《そんけいご》を［　］から選《えら》んで［　］に書《か》きましょう。

① 特別《とくべつ》な言葉《ことば》を使《つか》う言《い》い方《かた》

㋐ 山田《やまだ》さんが絵《え》を見《み》る。

↓ 山田《やまだ》さんが絵《え》を **ごらんになる**。

㋑ 王様《おうさま》が朝食《ちょうしょく》を食《た》べる。

↓ 王様《おうさま》が朝食《ちょうしょく》を **めしあがる**。

② 「お（ご）…になる」という言《い》い方《かた》

㋐ 校長先生《こうちょうせんせい》が出発《しゅっぱつ》する。

↓ 校長先生《こうちょうせんせい》が **ご出発になる**。

㋑ たくさんの人《ひと》が利用《りよう》する店《みせ》。

↓ たくさんの人《ひと》が **ご利用になる** 店《みせ》。

めしあがる　ごらんになる　ご利用《りよう》になる　ご出発《しゅっぱつ》になる

※尊敬語の学習の際は P53「敬語（4）――尊敬語」のページとあわせてご使用ください。

53頁

敬語《けいご》（4）――尊敬語《そんけいご》

名前

● 尊敬語《そんけいご》には、次《つぎ》のような言《い》い方《かた》があります。――線《せん》の言葉《ことば》にあてはまる尊敬語《そんけいご》を［　］から選《えら》んで［　］に書《か》きましょう。

① 「れる」「られる」をそえる言《い》い方《かた》

㋐ 王様《おうさま》が朝食《ちょうしょく》を食《た》べる。

↓ 王様《おうさま》が朝食《ちょうしょく》を **食べられる**。

㋑ 先生《せんせい》が言《い》う。

↓ 先生《せんせい》が **言われる**。

② 「お」や「ご」を付《つ》ける言《い》い方《かた》

㋐ たん生日《じょうび》を祝《いわ》う。

↓ **おたん生日** を祝《いわ》う。

㋑ 先生《せんせい》の意見《いけん》。

↓ 先生《せんせい》の **ご意見**。

ご意見《いけん》　言《い》われる　食《た》べられる　おたん生日《じょうび》

※尊敬語の学習の際は P52「敬語（3）――尊敬語」のページとあわせてご使用ください。

54頁

敬語《けいご》（5）――けんじょう語《ご》

名前

● けんじょう語《ご》には、次《つぎ》のような言《い》い方《かた》があります。――線《せん》の言葉《ことば》にあてはまるけんじょう語《ご》を［　］から選《えら》んで［　］に書《か》きましょう。

① 特別《とくべつ》な言葉《ことば》を使《つか》う言《い》い方《かた》

㋐ 今《いま》からそちらへ行《い》く。

↓ 今《いま》からそちらへ **うかがう**。

㋑ 市長《しちょう》に考《かんが》えを言《い》う。

↓ 市長《しちょう》に考《かんが》えを **申しあげる**。

㋒ 昼《ひる》ごはんを友《とも》だちの家《いえ》で食《た》べる。

↓ 昼《ひる》ごはんを友《とも》だちの家《いえ》で **いただく**。

㋓ 先日《せんじつ》の手紙《てがみ》を見《み》る。

↓ 先日《せんじつ》の手紙《てがみ》を **はい見する**。

㋔ 次回《じかい》会《あ》うのが楽《たの》しみです。

↓ 次回《じかい》 **お目にかかる** のが楽《たの》しみです。

うかがう　いただく　申《もう》しあげる　お目《め》にかかる　はい見《けん》する

※けんじょう語の学習の際は P55「敬語（6）――けんじょう語」のページとあわせてご使用ください。

55頁

敬語《けいご》（6）――けんじょう語《ご》

名前

● けんじょう語《ご》には、次《つぎ》のような言《い》い方《かた》があります。――線《せん》の言葉《ことば》にあてはまるけんじょう語《ご》を［　］から選《えら》んで［　］に書《か》きましょう。

① 「お（ご）…する」という言《い》い方《かた》

㋐ 校内《こうない》を案内《あんない》する。

↓ 校内《こうない》を **ご案内する**。

㋑ 荷物《にもつ》の配達《はいたつ》を願《ねが》う。

↓ 荷物《にもつ》の配達《はいたつ》を **お願いする**。

㋒ お客様《きゃくさま》を見送《みおく》る。

↓ お客様《きゃくさま》を **お見送りする**。

お見送《みおく》りする　ご案内《あんない》する　お願《ねが》いする

※けんじょう語の学習の際は P54「敬語（5）――けんじょう語」のページとあわせてご使用ください。

解答例

本書の解答は，あくまでもひとつの例です。児童に取り組ませる前に，必ず指導される方が問題を解いてください。指導される方の作られた解答をもとに，児童の多様な考えに寄り添って○つけをお願いします。

56頁

敬語《けいご》 (7) ―― ていねい語《ご》

名前

● ていねい語《ご》には、次《つぎ》のような言《い》い方《かた》があります。――線《せん》の言葉《ことば》をていねい語《ご》にして□に書《か》きましょう。

① 「です」「ます」を使《つか》う言《い》い方《かた》

㋐ これは母《はは》の持《も》ち物だ。

↓ これは母《はは》の **持ち物です** 。

㋑ 今日《きょう》の夕食《ゆうしょく》は父《ちち》が作《つく》る。

↓ 今日《きょう》の夕食《ゆうしょく》は父《ちち》が **作ります** 。

② 「ございます」を使《つか》う言《い》い方《かた》

・あちらに出口《でぐち》があります。

↓ あちらに出口《でぐち》が **ございます** 。

※ていねい語の学習の際は P57「敬語（8）──ていねい語」のページとあわせてご使用ください。

56

57頁

敬語《けいご》 (8) ―― ていねい語《ご》

名前

● ていねい語《ご》には、次《つぎ》のような言《い》い方《かた》があります。――線《せん》の言葉《ことば》をていねい語《ご》にして□に書《か》きましょう。

① 「お」や「ご」を付《つ》ける言《い》い方《かた》

㋐ 客《きゃく》に熱《あつ》い茶《ちゃ》を出《だ》す。

↓ **お客** に熱《あつ》い **お茶** を出《だ》す。

㋑ ほうびに金《かね》をもらう。

↓ **ごほうび** に **お金** をもらう。

㋒ さとうをたくさん入《い》れて、ミルクを飲《の》む。

↓ **おさとう** をたくさん入《い》れて、ミルクを飲《の》む。

㋓ ガイドが案内《あんない》します。

↓ ガイドが **ご案内** します。

※ていねい語の学習の際は P56「敬語（7）──ていねい語」のページとあわせてご使用ください。

57

58頁

敬語《けいご》 (9)

名前

(1) 次《つぎ》の言葉《ことば》の尊敬語《そんけいご》を考《かんが》えます。上《うえ》の言葉《ことば》にあてはまる尊敬語《そんけいご》を下《した》から選《えら》び――線《せん》で結《むす》びましょう。

① 行《い》く ― いらっしゃる 行《い》かれる

② 言《い》う ― おっしゃる 言《い》われる

③ 見《み》る ― めしあがる … （正しくは）④ 食《た》べる ― めしあがる

③ 見《み》る ― ごらんになる 見《み》られる

(2) 次《つぎ》の言葉《ことば》のけんじょう語《ご》を考《かんが》えます。上《うえ》の言葉《ことば》にあてはまるけんじょう語《ご》を下《した》から選《えら》び――線《せん》で結《むす》びましょう。

① 会《あ》う ― お目《め》にかかる お会《あ》いする

② 言《い》う ― 申《もう》しあげる

③ 行《い》く ― 参《まい》る うかがう

④ 食《た》べる ― いただく

58

59頁

敬語《けいご》 (10)

名前

● 文中《ぶんちゅう》の――線《せん》の言葉《ことば》を（　）に示《しめ》した敬語《けいご》にして□に文《ぶん》を書《か》きましょう。□の言葉《ことば》を参考《さんこう》にしましょう。

① このボールをあげます。（けんじょう語《ご》）

このボールをさしあげます 。

② もうすぐ雨《あめ》がふりそうだ。（ていねい語《ご》）

もうすぐ雨がふりそうです 。

③ 先生《せんせい》が体育館《たいいくかん》に来《く》る。（尊敬語《そんけいご》）

先生が体育館に来られる 。

来《こ》られる　さしあげます　ふりそうです

59

60頁

敬語《けいご》 (11)

名前

● 次《つぎ》の文《ぶん》の——線《せん》の言葉《ことば》を、敬語《けいご》〈尊敬語《そんけいご》〉に直《なお》して□に書《か》きましょう。

□の言葉《ことば》を参考《さんこう》にしましょう。

(1)

① お客《きゃく》さんがうちに来《く》る。　いらっしゃる

② 先生《せんせい》がみんなに言《い》う。　おっしゃる

いらっしゃる　おっしゃる

(2)

① 近所《きんじょ》の人《ひと》がおみやげをくれる。　くださる

② 山田《やまだ》さんが昼食《ちゅうしょく》を食《た》べる。　めしあがる

③ この銀行《ぎんこう》は、多《おお》くの人《ひと》が利用《りよう》する。　ご利用になる

めしあがる　ご利用《りよう》になる　くださる

61頁 (62～65頁は略)

敬語《けいご》 (12)

名前

● 次《つぎ》の文《ぶん》の——線《せん》の言葉《ことば》を、敬語《けいご》〈けんじょう語《ご》〉に直《なお》して□に書《か》きましょう。

□の言葉《ことば》を参考《さんこう》にしましょう。

(1)

① ぜひ一度《いちど》会《あ》いたい。　お目にかかりたい

② そちらに午後《ごご》に行《い》きます。　参ります

お目《め》にかかりたい　参《まい》ります

(2)

① 進級《しんきゅう》のお祝《いわ》いをもらう。　いただく

② 校長先生《こうちょうせんせい》にたずねる。　おたずねする

③ 一時間位《いちじかんくらい》、待《ま》ちます。　お待ちします

いただく　おたずねする　お待《ま》ちします

66頁

一《ひと》つの漢字《かんじ》にいろいろな音《おん》
——漢字《かんじ》の読《よ》み方《かた》と使《つか》い方《かた》 (5)

名前

● 次《つぎ》の文中《ぶんちゅう》の——線《せん》の漢字《かんじ》の読《よ》み方《かた》を□に書《か》きましょう。

①
㋐ 暗《くら》いので照明をつける。　しょうめい
㋑ 明後日にまた会《あ》いましょう。　みょうごにち

②
㋐ お話《はなし》はこれで最後です。　さいご
㋑ 後半のお話《はなし》が楽《たの》しみだ。　こうはん

③
㋐ ケーキを平等に分《わ》ける。　びょうどう
㋑ 世界《せかい》の平和を願《ねが》う。　へいわ

④
㋐ 天然の魚《さかな》を食《た》べる。　てんねん
㋑ 自然豊《ゆた》かな町《まち》へ行《い》く。　しぜん

67頁

一《ひと》つの漢字《かんじ》にいろいろな音《おん》
——漢字《かんじ》の読《よ》み方《かた》と使《つか》い方《かた》 (6)

名前

● 次《つぎ》の——線《せん》の漢字《かんじ》と同《おな》じ読《よ》み方《かた》をするものを下《した》の㋐㋑から選《えら》び、（　）に○をつけましょう。

① 土台《だい》
㋐ （○）土木《ぼく》
㋑ （　）土地《ち》

② 去年《ねん》
㋐ （　）過《か》去
㋑ （○）消《しょう》去

③ 形式《しき》
㋐ （　）人《にん》形
㋑ （○）図《ず》形

④ 合作《さく》
㋐ （○）合体《たい》
㋑ （　）合計《けい》

⑤ 発《はっ》言
㋐ （　）伝《でん》言
㋑ （○）言語《ご》

⑥ 休《きゅう》日
㋐ （○）連《れん》日
㋑ （　）日時《じ》

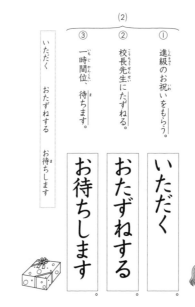

本書の解答は，あくまでもひとつの例です。児童に取り組ませる前に，必ず指導される方が問題を解いてください。指導される方の作られた解答をもとに，児童の多様な考えに寄り添って○つけをお願いします。

68頁

一《ひと》つの漢字《かんじ》にいろいろな音《おん》
——漢字《かんじ》の読《よ》み方《かた》と使《つか》い方《かた》 (7)

名前

(1) 次《つぎ》の□には同《おな》じ漢字《かんじ》が入《はい》ります。□から選《えら》んで書《か》きましょう。また、できた熟語《じゅくご》の読《よ》み方《かた》を（　）に書《か》きましょう。

① ㋐ 地下《か》（ちか）　㋑ 地面（じめん）

② ㋐ 図書（としょ）　㋑ 図形（ずけい）

地　図

(2) 次《つぎ》の□には同《おな》じ漢字《かんじ》が入《はい》ります。□から選《えら》んで書《か》きましょう。また、できた熟語《じゅくご》の読《よ》み方《かた》を（　）に書《か》きましょう。

① ㋐ 長男（ちょうなん）　㋑ 男子（だんし）

② ㋐ 一日中（いちにちじゅう）　㋑ 中心（ちゅうしん）

③ ㋐ 色調（しきちょう）　㋑ 特色（とくしょく）

④ ㋐ 元日（がんじつ）　㋑ 元気（げんき）

男　色　中　元

69頁

一《ひと》つの漢字《かんじ》にいろいろな音《おん》
——漢字《かんじ》の読《よ》み方《かた》と使《つか》い方《かた》 (8)

名前

● 次《つぎ》の（　）に熟語《じゅくご》の読《よ》み方《かた》を書《か》きましょう。‖線《せん》の漢字《かんじ》と同《おな》じ読《よ》み方《かた》をするものを下《した》の㋐㋑㋒から一《ひと》つ選《えら》んで、□に○をつけましょう。

① 力士（りきし）
㋐ □ 無力（むりょく）　㋑ □ 全力（ぜんりょく）　㋒ ○ 力作（りきさく）

② 発言（はつげん）
㋐ ○ 言動（げんどう）　㋑ □ 伝言（でんごん）　㋒ □ 無言（むごん）

③ 時間（じかん）
㋐ □ 広間（ひろま）　㋑ ○ 空間（くうかん）　㋒ □ 人間（にんげん）

④ 行列（ぎょうれつ）
㋐ □ 銀行（ぎんこう）　㋑ □ 行動（こうどう）　㋒ ○ 改行（かいぎょう）

70頁

一《ひと》つの漢字《かんじ》にいろいろな音《おん》
——漢字《かんじ》の読《よ》み方《かた》と使《つか》い方《かた》 (9)

名前

● 次《つぎ》の□には同《おな》じ漢字《かんじ》が入《はい》ります。□から選《えら》んで上《うえ》の□に書《か》きましょう。

① 留：□学《がく》　□守番《すばん》　□意

② 家：□族《ぞく》　□計《けい》　□来《らい》

③ 読：音《おん》□　□書《しょ》　□本《ほん》

④ 平：□和《わ》　□等《どう》　□行《こう》

読　平　留　家

71頁

一《ひと》つの漢字《かんじ》にいろいろな音《おん》
——漢字《かんじ》の読《よ》み方《かた》と使《つか》い方《かた》 (10)

名前

● 〈例《れい》〉にならって□にあてはまる漢字《かんじ》を□から選《えら》んで書《か》き入《い》れ、四《よっ》つの熟語《じゅくご》を作《つく》りましょう。作《つく》った熟語《じゅくご》を下《した》の（　）に書《か》きましょう。

例：式↓　修→正→月　↓直

① 章↓　作→文→学　↓化

② 上↓　地→下→流　↓水

③ 前↓　午→後→半　↓期

後　文　下

例（正式）（正月）（正直）（修正）

①（文章）（文学）（文化）（作文）

②（上下）（下流）（下水）（地下）

③（前後）（後半）（後期）（午後）

※解答欄　順不同

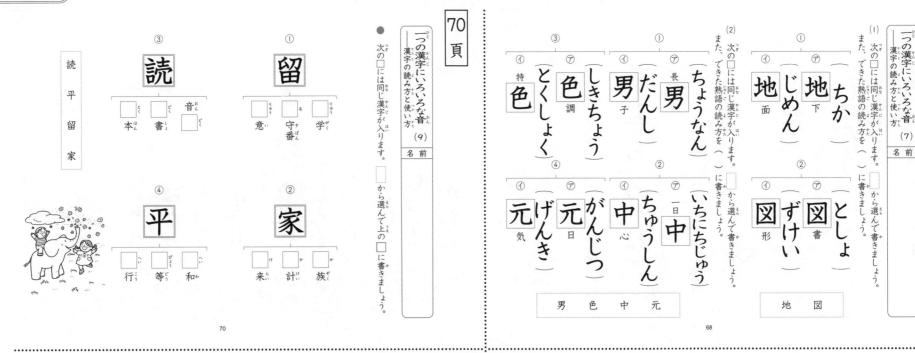

解答例

72頁

特別《とくべつ》な読《よ》み方《かた》をする漢字《かんじ》
——漢字《かんじ》の読《よ》み方《かた》と使《つか》い方《かた》 (1)

名前

● 次《つぎ》の文中《ぶんちゅう》の——線《せん》の漢字《かんじ》の読《よ》み方《かた》を□から選《えら》んで□に書《か》きましょう。

①
- ㋐ 七夕かざりを作《つく》る。　たなばた
- ㋑ 医学博士《いがくはかせ》に会《あ》う。　はかせ
- ㋒ 今日は遠足《えんそく》だ。　きょう
- ㋓ 友達《ともだち》が二人来《く》る。　ふたり

ふたり　きょう　はかせ　たなばた

②
- ㋐ 八百屋へ行《い》く。　やおや
- ㋑ 清水がわく。　しみず
- ㋒ 果物を食《た》べる。　くだもの
- ㋓ 時計を見《み》る。　とけい
- ㋔ 歌《うた》が上手だ。　じょうず
- ㋕ 川原で遊《あそ》ぶ。　かわら

くだもの　じょうず　やおや　しみず　とけい　かわら

73頁

特別《とくべつ》な読《よ》み方《かた》をする漢字《かんじ》
——漢字《かんじ》の読《よ》み方《かた》と使《つか》い方《かた》 (2)

名前

● 次《つぎ》の特別《とくべつ》な読《よ》み方《かた》をする漢字《かんじ》の正《ただ》しい読《よ》み方《かた》を、㋐㋑から選《えら》んで（　）に○をつけましょう。

① 迷子
- ㋐（○）まいご
- ㋑（　）めいご

② 今朝
- ㋐（　）こんあさ
- ㋑（○）けさ

③ 昨日
- ㋐（　）おととい
- ㋑（○）きのう

④ 一人
- ㋐（○）ひとり
- ㋑（　）ふたり

⑤ 眼鏡
- ㋐（○）めがね
- ㋑（　）めかがみ

⑥ 部屋
- ㋐（○）へや
- ㋑（　）ぶや

⑦ 一日
- ㋐（　）いっか
- ㋑（○）ついたち

⑧ 下手
- ㋐（　）じょうず
- ㋑（○）へた

74頁

特別《とくべつ》な読《よ》み方《かた》をする漢字《かんじ》
——漢字《かんじ》の読《よ》み方《かた》と使《つか》い方《かた》 (3)

名前

● 次《つぎ》の——線《せん》の漢字《かんじ》の読《よ》み方《かた》を□から選《えら》んで（　）に書《か》きましょう。

①
- ㋐ 友達は（ともだち）眼鏡をかけている。（めがね）
- ㋑ デパートで、妹《いもうと》が迷子になった。（まいご）

めがね　ともだち　まいご

②
- ㋐ 八百屋で大根《だいこん》を買《か》いました。（やおや）
- ㋑ わたしは果物が大好《だいす》きです。（くだもの）
- ㋒ 二人ともサッカーが上手だ。（ふたり）（じょうず）

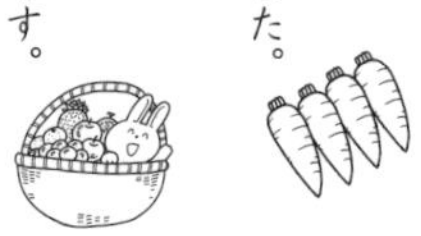

くだもの　じょうず　ふたり　やおや

75頁

特別《とくべつ》な読《よ》み方《かた》をする漢字《かんじ》
——漢字《かんじ》の読《よ》み方《かた》と使《つか》い方《かた》 (4)

名前

● 次《つぎ》の漢字《かんじ》の読《よ》み方《かた》を下《した》から選《えら》び——線《せん》で結《むす》びましょう。

①
- ㋐ 大人　㋑ 一人　㋒ 二人
- ふたり　おとな　ひとり

②
- ㋐ 上手　㋑ 下手
- へた　じょうず

③
- ㋐ 明日　㋑ 今日　㋒ 昨日
- きょう　きのう　あす

④
- ㋐ 一日　㋑ 二日　㋒ 五日　㋓ 八日　㋔ 二十日
- いつか　ついたち　ふつか　はつか　ようか

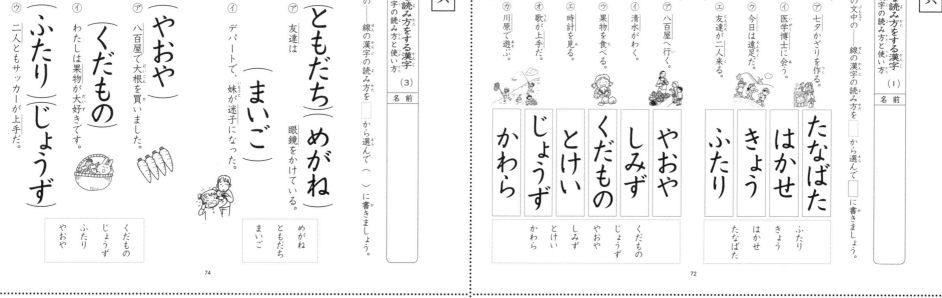

解答例

本書の解答は，あくまでもひとつの例です。児童に取り組ませる前に，必ず指導される方が問題を解いてください。指導される方の作られた解答をもとに，児童の多様な考えに寄り添って○つけをお願いします。

76頁

特別《とくべつ》な読《よ》み方《かた》をする漢字《かんじ》 (5)
——漢字《かんじ》の読《よ》み方《かた》と使《つか》い方《かた》

名前

● 次《つぎ》の——線《せん》の読《よ》み方《かた》をする言葉《ことば》を□から選《えら》んで□に漢字《かんじ》で書《か》きましょう。

① わたしのへやは二階《にかい》です。 部屋

② たなばたのささをかざる。 七夕

③ けさは早起《はやお》きをした。 今朝

④ 兄《あに》は絵《え》をかくのがじょうずだ。 上手

⑤ 公園《こうえん》でまいごにならないようにする。 迷子

七夕　迷子　部屋　今朝　上手

76

77頁 (78・79頁は略)

特別《とくべつ》な読《よ》み方《かた》をする漢字《かんじ》 (6)
——漢字《かんじ》の読《よ》み方《かた》と使《つか》い方《かた》

名前

● 次《つぎ》の漢字《かんじ》の読《よ》み方《かた》を□から選《えら》んで（　）に書《か》きましょう。

①
㋐ 景色 （けしき）
㋑ 八百屋 （やおや）
㋒ 真面目 （まじめ）

まじめ　けしき　やおや

②
㋐ 真っ赤 （まっか）
㋑ 小豆 （あずき）
㋒ 土産 （みやげ）

まっか　みやげ　あずき

③
㋐ 浴衣 （ゆかた）
㋑ 梅雨 （つゆ）
㋒ 木綿 （もめん）

つゆ　もめん　ゆかた

④
㋐ 五月雨 （さみだれ）
㋑ 日和 （ひより）
㋒ 行方 （ゆくえ）

さみだれ　ゆくえ　ひより

77

80頁

複合語《ふくごうご》 (3)

名前

● □の中《なか》から言葉《ことば》を選《えら》んで□に書《か》き、文《ぶん》に合《あ》う複合語《ふくごうご》を作《つく》りましょう。

① 「飛《と》び…」と組《く》み合《あ》わせた複合語《ふくごうご》を考《かんが》えましょう。

㋐ 夜中《よなか》にかみなりの音《おと》におどろいて飛《と》び 起きる 。

㋑ 馬《うま》がさくを飛《と》び こえる 。

㋒ ちょうが花畑《はなばたけ》を飛《と》び 回る 。

こえる　回《まわ》る　起《お》きる

② 「——合《あ》う」と組《く》み合《あ》わせた複合語《ふくごうご》を考《かんが》えましょう。

㋐ 海《うみ》の水《みず》と川《かわ》の水《みず》が 混ざり 合《あ》う。

㋑ 係《かかり》の仕事《しごと》についてみんなで 話し 合《あ》う。

㋒ むずかしい問題《もんだい》を友達《ともだち》と 教え 合《あ》う。

話《はな》し　教《おし》え　混《ま》ざり

80

81頁

複合語《ふくごうご》 (4)

名前

(1) 次《つぎ》の二《ふた》つの言葉《ことば》を組《く》み合《あ》わせて複合語《ふくごうご》を作《つく》り□にひらがなで書《か》きましょう。

① 体《たい》そう ＋ 服《ふく》 → たいそうふく

② 防災《ぼうさい》 ＋ ずきん → ぼうさいずきん

③ 年賀《ねんが》 ＋ はがき → ねんがはがき

(2) 複合語《ふくごうご》になるとき、もとの言葉《ことば》と発音《はつおん》が変《か》わることに気《き》をつけて、次《つぎ》の言葉《ことば》を組《く》み合《あ》わせてできる複合語《ふくごうご》を□にひらがなで書《か》きましょう。

① 本《ほん》 ＋ 箱《はこ》 → ほんばこ

② 雨《あめ》 ＋ 水《みず》 → あまみず

③ 草《くさ》 ＋ 花《はな》 → くさばな

(3) 次《つぎ》の複合語《ふくごうご》を【動詞《どうし》】と【名詞《めいし》】の言葉《ことば》に分《わ》けて□に書《か》きましょう。

① 落《お》ち葉《ば》 → 【動詞《どうし》】 落ちる ＋ 【名詞《めいし》】 葉

② 消《け》しゴム → 【動詞《どうし》】 消す ＋ 【名詞《めいし》】 ゴム

③ なわとび → 【名詞《めいし》】 なわ ＋ 【動詞《どうし》】 とぶ

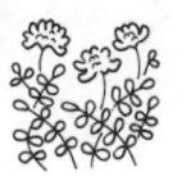

81

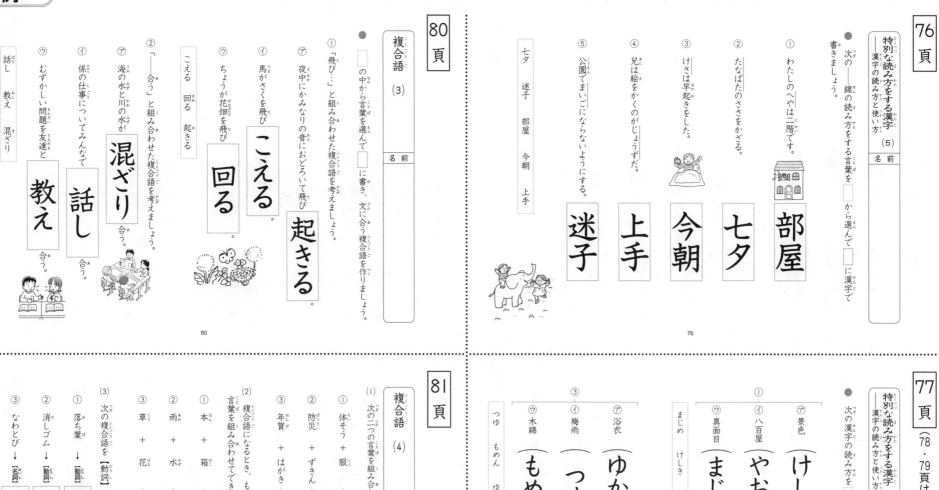

本書の解答は，あくまでもひとつの例です。児童に取り組ませる前に，必ず指導される方が問題を解いてください。指導される方の作られた解答をもとに，児童の多様な考えに寄り添って○つけをお願いします。

解答例

82頁

複合語《ふくごうご》 (5)

名前

(1) 次《つぎ》の二《ふた》つの言葉《ことば》を組《く》み合《あ》わせて複合語《ふくごうご》を作《つく》り□に漢字《かんじ》で書《か》きましょう。

① 青《あお》い ＋ 空《そら》 → 青空

② 太《ふと》い ＋ 字《じ》 → 太字

③ 細《ほそ》い ＋ ひも → 細ひも

(2) 次《つぎ》の二《ふた》つの言葉《ことば》を組《く》み合《あ》わせて複合語《ふくごうご》を作《つく》り□に漢字《かんじ》で書《か》きましょう。

① 物《もの》 ＋ 語《かた》る → 物語

② 遠《とお》い ＋ 回《まわ》る → 遠回り

③ 遠《とお》い ＋ 浅《あさ》い → 遠浅

(3) 次《つぎ》の二《ふた》つの言葉《ことば》を組《く》み合《あ》わせて複合語《ふくごうご》を作《つく》り□にひらがなで書《か》きましょう。

① あわ ＋ 立《た》つ → あわだつ

② 旅《たび》 ＋ 立《た》つ → たびだつ

③ 手《て》 ＋ かける → てがける

④ 名《な》 ＋ つける → なづける

83頁

複合語《ふくごうご》 (6)

名前

(1) 次《つぎ》の複合語《ふくごうご》をもとの二《ふた》つの言葉《ことば》に分《わ》けて□に書《か》きましょう。

① 見送《みおく》る → 見る ＋ 送る

② 切《き》り開《ひら》く → 切る ＋ 開く

③ 持《も》ち上《あ》げる → 持つ ＋ 上げる

④ 書《か》き写《うつ》す → 書く ＋ 写す

(2) 次《つぎ》の複合語《ふくごうご》をもとの二《ふた》つ言葉《ことば》に分《わ》けて□に書《か》きましょう。

① 若返《わかがえ》る → 若い ＋ 返る

② 長引《ながび》く → 長い ＋ 引く

③ 多過《おおす》ぎる → 多い ＋ 過ぎる

④ 近寄《ちかよ》る → 近い ＋ 寄る

84頁

複合語《ふくごうご》 (7)

名前

(1) 次《つぎ》の二《ふた》つの言葉《ことば》を組《く》み合《あ》わせて複合語《ふくごうご》を作《つく》り□に書《か》きましょう。

① 目《め》 ＋ 新《あたら》しい → 目新しい

② 口《くち》 ＋ うるさい → 口うるさい

③ 塩《しお》 ＋ からい → 塩からい

④ 息《いき》 ＋ 苦《くる》しい → 息苦しい

(2) 次《つぎ》の複合語《ふくごうご》をもとの二《ふた》つ言葉《ことば》に分《わ》けて□に書《か》きましょう。

① むし暑《あつ》い → むす ＋ 暑い

② 寝苦《ねぐる》しい → 寝る ＋ 苦しい

③ こげくさい → こげる ＋ くさい

④ おそれ多《おお》い → おそれる ＋ 多い

85頁

複合語《ふくごうご》 (8)

名前

(1) 次《つぎ》の二《ふた》つの言葉《ことば》を組《く》み合《あ》わせて複合語《ふくごうご》を作《つく》り□にひらがなで書《か》きましょう。

① 細《ほそ》い ＋ 長《なが》い → ほそながい

② かたい ＋ 苦《くる》しい → かたくるしい

③ あまい ＋ すっぱい → あまずっぱい

④ ずるい ＋ かしこい → ずるがしこい

(2) 次《つぎ》の二《ふた》つの言葉《ことば》を組《く》み合《あ》わせて複合語《ふくごうご》を作《つく》り□にひらがなで書《か》きましょう。

① 前《まえ》 ＋ 歯《は》 → まえば

② 船《ふね》 ＋ 旅《たび》 → ふなたび

③ 白《しろ》 ＋ 波《なみ》 → しらなみ

④ 花《はな》 ＋ 畑《はたけ》 → はなばたけ

本書の解答は，あくまでもひとつの例です。児童に取り組ませる前に，必ず指導される方が問題を解いてください。指導される方の作られた解答をもとに，児童の多様な考えに寄り添って○つけをお願いします。

86頁

複合語《ふくごう ご》 (9)

名前

(1) 次《つぎ》の三《みっ》つの言葉《ことば》を組《く》み合《あ》わせて複合語《ふくごうご》を作《つく》り□に書《か》きましょう。

① 音楽《おんがく》 ＋ 発表《はっぴょう》 ＋ 会《かい》 ↓ 音楽発表会

② 乗《の》る ＋ かえる ＋ 案内《あんない》 ↓ 乗りかえ案内

③ もち ＋ つく ＋ 大会《たいかい》 ↓ もちつき大会

④ 絵《え》 ＋ かく ＋ 歌《うた》 ↓ 絵かき歌

(2) 次《つぎ》の複合語《ふくごうご》は、下《した》の長《なが》い複合語《ふくごうご》から作《つく》られた言葉《ことば》です。上《うえ》の言葉《ことば》にあてはまる言葉《ことば》を下《した》から選《えら》び、——線《せん》で結《むす》びましょう。

① リモコン
② ビー玉《だま》
③ 図工《ずこう》
④ 国体《こくたい》
⑤ 教科書《きょうかしょ》

図画工作《ずがこうさく》
リモートコントローラー
教科図書《きょうかとしょ》
ビードロ玉《だま》
国民体育大会《こくみんたいいくたいかい》

87頁

複合語《ふくごうご》 (10)

名前

● 次《つぎ》の複合語《ふくごうご》をもとの言葉《ことば》で書《か》きましょう。

① 冷《れい》とう食品工場《しょくひんこうじょう》
（冷とう ＋ 食品 ＋ 工場）

② 読書感想文《どくしょかんそうぶん》
（読書 ＋ 感想 ＋ 文）

③ 試合開始時間《しあいかいしじかん》
（試合 ＋ 開始 ＋ 時間）

④ 開店記念売《かいてんきねんう》り出《だ》しセール
（開店＋記念＋売る＋出す＋セール）

⑤ 大型観光《おおがたかんこう》バス
（大型 ＋ 観光 ＋ バス）

⑥ 駅前《えきまえ》ビル
（駅 ＋ 前 ＋ ビル）

88頁

日本語《にほんご》の表記《ひょうき》 (1)

名前

(1) 次《つぎ》の言葉《ことば》の意味《いみ》に合《あ》う文《ぶん》を下《した》から選《えら》び——線《せん》で結《むす》びましょう。

① 表記《ひょうき》
② 表意文字《ひょういもじ》
③ 表音文字《ひょうおんもじ》

一字一字《いちじいちじ》が意味《いみ》を表《あらわ》す文字《もじ》
意味《いみ》を表《あらわ》さず音《おと》だけを表《あらわ》す文字《もじ》
言葉《ことば》を文字《もじ》や記号《きごう》で表《あらわ》すこと

(2) 次《つぎ》の文字《もじ》は、下《した》のどれにあてはまりますか。□から選《えら》び㋐か㋑の記号《きごう》を書《か》きましょう。

① 平仮名《ひらがな》 （㋑）
② 片仮名《かたかな》 （㋑）
③ 漢字《かんじ》 （㋐）

㋐ 表意文字《ひょういもじ》
㋑ 表音文字《ひょうおんもじ》

(3) 次《つぎ》の文《ぶん》と〜〜線《せん》の言葉《ことば》の意味《いみ》を読《よ》んで、あてはまる漢字《かんじ》を下《した》から選《えら》び——線《せん》で結《むす》びましょう。

①
㋐ ぶたのしりょうをさがす。
【意味《いみ》】「えさ」という意味《いみ》
㋑ 研究《けんきゅう》のためのしりょうを集《あつ》める。
【意味《いみ》】調《しら》べるために参考《さんこう》にするもの

資料
飼料

②
㋐ 農作業用《のうさぎょうよう》のきかいを借《か》りた。
【意味《いみ》】動力《どうりょく》を受《う》けて一定《いってい》の運動《うんどう》、仕事《しごと》をするもの
㋑ よいきかいにめぐまれる。
【意味《いみ》】ちょうどよい折《おり》。チャンス。

機会
機械

89頁

日本語《にほんご》の表記《ひょうき》 (2)
——方言《ほうげん》と共通語《きょうつうご》

名前

(1) 次《つぎ》の□にあてはまる言葉《ことば》を□から選《えら》んで書《か》きましょう。

① 全国《ぜんこく》のいろいろな地方《ちほう》の人《ひと》が、意思《いし》を伝《つた》え合《あ》うために使《つか》う言葉《ことば》を 共通語 といいます。

② ある地方《ちほう》だけで使《つか》われる言葉《ことば》を 方言 といいます。

方言《ほうげん》　共通語《きょうつうご》

(2) 次《つぎ》の文《ぶん》の中《なか》で、方言《ほうげん》について書《か》かれているものには○、そうでないものには×を（　）に書《か》きましょう。

①（○）それぞれの地域《ちいき》に住《す》む人《ひと》たちの中《なか》で、伝統的《でんとうてき》に使《つか》われてきた言葉《ことば》。

②（×）テレビのニュースや新聞《しんぶん》で用《もち》いられる言葉《ことば》。

③（○）ふだん身《み》の回《まわ》りの人《ひと》たちと話《はな》すときの気持《きも》ちや感覚《かんかく》を伝《つた》えることができる言葉《ことば》。

④（×）日本全国《にほんぜんこく》どこに旅行《りょこう》しても通《つう》じる言葉《ことば》。

(3) あなたがよく使《つか》う言葉《ことば》や言《い》い方《かた》を、方言《ほうげん》で書《か》きましょう。また、その言葉《ことば》は共通語《きょうつうご》では何《なん》と言《い》いますか。

方言《ほうげん》で（　　）

共通語《きょうつうご》で（　　）

略

90頁

ことわざ (1)

名前

(1) 次《つぎ》のことわざに出《で》てくる動物《どうぶつ》の名前《なまえ》を□から選《えら》んで□に書《か》きましょう。

① 馬 の耳《みみ》に念仏《ねんぶつ》

② 犬 も歩《ある》けば

③ たぬき 寝入《ねい》り

④ ぼうに当《あ》たる とら の尾《お》をふむ

⑤ ねこ の手《て》も借《か》りたい

⑥ すずめ のなみだ

ねこ　すずめ　たぬき　馬《うま》　犬《いぬ》　とら

(2) 次《つぎ》のことわざの意味《いみ》を表《あらわ》す文《ぶん》を下《した》から選《えら》び、——線《せん》で結《むす》びましょう。

① へびに蛙《かえる》 —— 苦手《にがて》なものや恐《おそ》ろしいものの前《まえ》に出《で》て、身《み》がすくんで動《うご》けない様子《ようす》

② えびで鯛《たい》をつる —— 小《ちい》さな投資《とうし》で大《おお》きな利益《りえき》を得《え》ること

③ ねこの子《こ》一匹《いっぴき》いない —— 周《まわ》りに全《まった》く人《ひと》の気配《けはい》がしないことのたとえ

④ さるも木《き》から落《お》ちる —— どんなに上手《じょうず》でも、ときには失敗《しっぱい》することがあるというたとえ

91頁

ことわざ (2)

名前

● 次《つぎ》のことわざには数字《すうじ》が使《つか》われています。あてはまる数字《すうじ》を□から選《えら》んで□に書《か》きましょう。

① 一《いち》か 八 か……うまくいくかどうか分《わ》からないが、運《うん》を天《てん》に任《まか》せて思《おも》い切《き》ってやってみる様子《ようす》。

② 二 階《かい》から目薬《めぐすり》……もどかしくて思《おも》うようなききめがないこと。

③ 石《いし》の上《うえ》にも 三 年《ねん》……どんなことでもしんぼうして続《つづ》ければいつかは成功《せいこう》する。

④ 親《おや》の 七 光《ひか》り……親《おや》のお陰《かげ》で子《こ》どもにはそれほど実力《じつりょく》がないのに世間《せけん》で重《おも》んじられること。

⑤ 酒《さけ》は 百 薬《やく》の長《ちょう》……酒《さけ》は適量《てきりょう》であれば、どんな良薬《りょうやく》よりも健康《けんこう》に良《よ》いものだ。

⑥ 十人《じゅうにん》 十 色《いろ》……好《この》み、考《かんが》え、性格《せいかく》など、人《ひと》によってそれぞれちがうこと。

二　八　三　百　十　七

92頁

ことわざ (3)

名前

(1) 次《つぎ》のことわざの意味《いみ》を表《あらわ》す文《ぶん》を下《した》から選《えら》び——線《せん》で結《むす》びましょう。

① 猿《さる》も木《き》から落《お》ちる —— 名人《めいじん》でも失敗《しっぱい》すること。

② 泣《な》きっ面《つら》に蜂《はち》 —— 不運《ふうん》が重《かさ》なること。

③ 石《いし》の上《うえ》にも三年《さんねん》 —— 小《ちい》さなことも続《つづ》ければ大《おお》きな成果《せいか》を生《う》むこと。

④ 猫《ねこ》に小判《こばん》 —— 価値《かち》の分《わ》からない者《もの》に貴重《きちょう》なものを与《あた》えても役《やく》に立《た》たないこと。

(2) □にあてはまる言葉《ことば》を□から選《えら》んで書《か》き入《い》れ、ことわざを完成《かんせい》させましょう。

① 頭《あたま》かくして しり かくさず

② かわいい子《こ》には 旅 をさせよ

③ 花《はな》より だんご

④ 焼《や》け石《いし》に 水

水《みず》　だんご　旅《たび》　しり

93頁

ことわざ (4)

名前

● 次《つぎ》のことわざの□にあてはまる言葉《ことば》を□から選《えら》んで書《か》きましょう。

① 後《あと》は野《の》となれ 山 となれ

川《かわ》　山《やま》　谷《たに》

② アブ ハチ とらず

ハエ　ハチ　アリ

③ 石橋 をたたいて渡《わた》る

つり橋《ばし》　かけ橋《はし》　石橋《いしばし》

④ 月《つき》と スッポン

スッポン　太陽《たいよう》　カメ

⑤ 牛 の歩《あゆ》み

馬《うま》　牛《うし》　とら

⑥ ねこ に小判《こばん》

ぶた　ねこ　馬《うま》

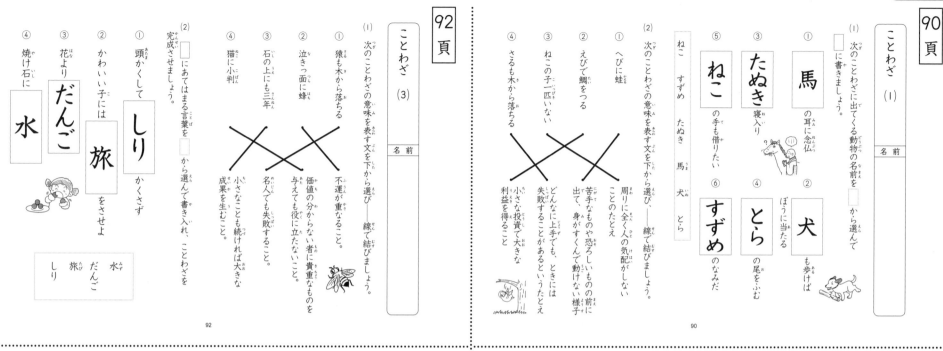

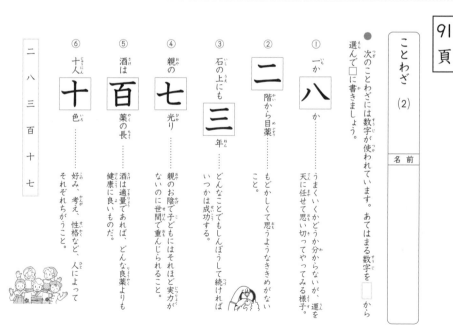

解答例

本書の解答は，あくまでもひとつの例です。児童に取り組ませる前に，必ず指導される方が問題を解いてください。指導される方の作られた解答をもとに，児童の多様な考えに寄り添って○つけをお願いします。

94頁

ことわざ (5)

名前

● 次《つぎ》のことわざの□にあてはまる言葉《ことば》を□から選《えら》んで書《か》きましょう。
また、そのことわざの意味《いみ》を下《した》から選《えら》んで──線《せん》で結《むす》びましょう。

①
㋐ 能《のう》あるたかは つめ をかくす
㋑ たなから ぼたもち
㋒ かっぱ の川流《かわなが》れ

ぼたもち　つめ　かっぱ

・思《おも》いがけない幸運《こううん》に恵《めぐ》まれること。
・その道《みち》の名人《めいじん》でさえ失敗《しっぱい》することがある。
・すぐれた能力《のうりょく》のある人《ひと》はそれをひけらかしたりしないということのたとえ。

②
㋐ どんぐりの せいくらべ
㋑ おにに かなぼう
㋒ 青菜《あおな》に 塩

せいくらべ　塩《しお》　かなぼう

・どれもみな同《おな》じでぬきん出《で》たものがない。
・元気《げんき》だった者《もの》がすっかりしょげてしまう様子《ようす》。
・ただでさえ強《つよ》いものがさらにパワーアップすること。

94

95頁

慣用句《かんようく》 (1)

名前

(1) 「足《あし》が出《で》る」について次《つぎ》の問《と》いに答《こた》えましょう。

① 慣用句《かんようく》としての意味《いみ》が書《か》かれているものに○をつけましょう。
（○）予算《よさん》、または収入《しゅうにゅう》を超《こ》えた支出《ししゅつ》になる。
（　）足《あし》が何《なに》かから飛《と》び出《だ》す。

② 慣用句《かんようく》として正《ただ》しく使《つか》われている文《ぶん》に、○をつけましょう。
（　）ふとんから足《あし》が出《で》る。
（○）たくさんの買《か》い物《もの》をして足《あし》が出《で》る。

(2) 次《つぎ》の慣用句《かんようく》の意味《いみ》を表《あらわ》している文《ぶん》の（　）に、○をつけましょう。

① 赤《あか》の他人《たにん》
（　）赤《あか》い服《ふく》を着《き》たとなりの人《ひと》。
（○）全《まった》く関《かか》わりのない完全《かんぜん》な他人《たにん》。

② 頭《あたま》を冷《ひ》やす
（○）興奮《こうふん》した気持《きも》ちを落《お》ち着《つ》かせ、冷静《れいせい》になる。
（　）熱《ねつ》が出《で》たので氷《こおり》で頭《あたま》を冷《ひ》やす。

③ 板《いた》につく
（　）まな板《いた》に材料《ざいりょう》をのせる。
（○）経験《けいけん》を重《かさ》ね、態度《たいど》や物腰《ものごし》が役割《やくわり》にしっくり合《あ》う。

④ 味《あじ》をしめる
（○）一度《いちど》うまくいったことを忘《わす》れられず、次《つぎ》も同様《どうよう》に期待《きたい》する。
（　）魚《さかな》の鮮度《せんど》を保《たも》つためにすること。

95

96頁

慣用句《かんようく》 (2)

名前

(1) 次《つぎ》の慣用句《かんようく》は、体《からだ》の部分《ぶぶん》を使《つか》った慣用句《かんようく》です。□に入《はい》る言葉《ことば》を□から選《えら》んで書《か》きましょう。

①
㋐ 頭 がかたい／が切《き》れる
㋑ 目 がない／の色《いろ》を変《か》える
㋒ 鼻 にかける／が高《たか》い

目《め》　鼻《はな》　頭《あたま》

②
㋐ 顔 が広《ひろ》い／にどろをぬる
㋑ 口 が重《おも》い／をはさむ
㋒ 耳 がいたい／をかたむける

耳《みみ》　口《くち》　顔《かお》

(2) 下《した》の【意味《いみ》】の文《ぶん》を読《よ》みましょう。次《つぎ》に、【慣用句《かんようく》】の□にあてはまる体《からだ》の部分《ぶぶん》を表《あらわ》す言葉《ことば》を□から選《えら》んで書《か》きましょう。

【慣用句《かんようく》】　【意味《いみ》】

① こし が低《ひく》い ……相手《あいて》を敬《うやま》い、ひかえめな態度《たいど》をとること。
② 手 にあせをにぎる ……物事《ものごと》がどうなることかとはらはらすること。
③ 首 を長《なが》くする ……期待《きたい》して待《ま》ちこがれていること。

首《くび》　こし　手《て》

96

97頁

慣用句《かんようく》 (3)

名前

● 次《つぎ》の慣用句《かんようく》の【意味《いみ》】を読《よ》みましょう。【慣用句《かんようく》】の□にあてはまる言葉《ことば》を□から選《えら》んで書《か》きましょう。

①
【慣用句《かんようく》】　【意味《いみ》】

㋐ 油 を売《う》る……無駄《むだ》な話《はなし》をして仕事《しごと》をさぼる。
㋑ 二《ふた》つ うり ……顔《かお》かたちがよく似《に》ている様子《ようす》。
㋒ さじ を投《な》げる……あきらめて見放《みはな》す。
㋓ 虫 が好《す》かない…何《なん》となくいやだと思《おも》う。

さじ　虫《むし》　油《あぶら》　うり

②
【慣用句《かんようく》】　【意味《いみ》】

㋐ 図 に乗《の》る……いい気《き》になってつけあがる。
㋑ 二《に》の 足 を踏《ふ》む…決断《けつだん》をためらう。
㋒ かぶと を脱《ぬ》ぐ……降参《こうさん》の意《い》を表《あらわ》すこと。
㋓ たな に上《あ》げる……自分《じぶん》にとって都合《つごう》の悪《わる》いことから目《め》をそむける様子《ようす》。

たな　足《あし》　図《ず》　かぶと

97

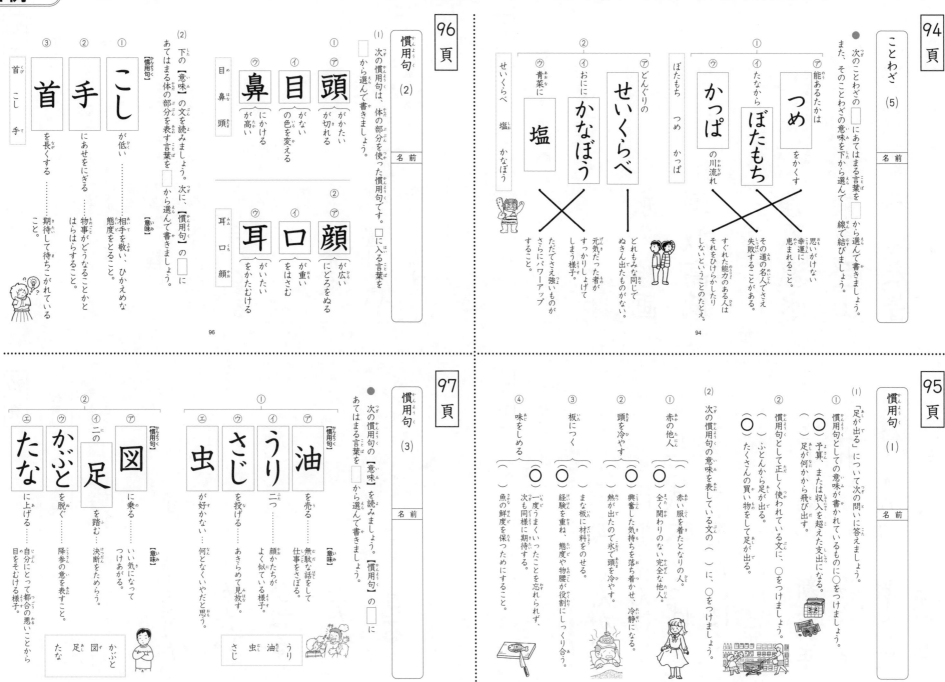

98頁

慣用句《かんようく》 (4)

名前

● 次《つぎ》の慣用句《かんようく》の【意味《いみ》】の文《ぶん》を読《よ》みましょう。意味《いみ》に合《あ》うように、下《した》の【慣用句《かんようく》】の□にあてはまる言葉《ことば》を□から選《えら》んで書《か》きましょう。

①
【意味《いみ》】
㋐ すぐに行動《こうどう》する。軽《かる》はずみなことをする。
㋑ その土地《とち》やかんきょうになじめないこと。
㋒ 同《おな》じことをうんざりするほど何度《なんど》も聞《き》かされて参《まい》った。

【慣用句《かんようく》】
㋐ しりが 軽い
㋑ 水《みず》が 合わない
㋒ 耳《みみ》に たこができる

合《あ》わない　たこができる　軽《かる》い

②
【意味《いみ》】
㋐ 物事《ものごと》が自身《じしん》の力量《りきりょう》をこえていて、上手《うま》くできないこと。
㋑ 気《き》をつかわずに気楽《きらく》に付《つ》き合《あ》える。
㋒ 過去《かこ》のもめごとをなかったことにする。

【慣用句《かんようく》】
㋐ 手《て》に 余る
㋑ 気《き》が 置けない
㋒ 水《みず》に 流す

余《あま》る　流《なが》す　置《お》けない

99頁

慣用句《かんようく》 (5)

名前

● 次《つぎ》の慣用句《かんようく》の【意味《いみ》】の文《ぶん》を読《よ》みましょう。意味《いみ》に合《あ》うように、下《した》の【慣用句《かんようく》】の□にあてはまる言葉《ことば》を□から選《えら》んで書《か》きましょう。

【意味《いみ》】 / 【慣用句《かんようく》】

① とてもいそがしいので、だれでも良《よ》いから手伝《てつだ》ってほしい。 — ねこの 手も借りたい

② 言《い》ってはいけないことは決《け》して言《い》わない。 — 口《くち》が かたい

③ 「この問題《もんだい》はどう解《と》くのだろう。」とあれこれ考《かんが》える。 — 頭《あたま》を ひねる

④ 友達《ともだち》にえらそうなことを言《い》ってしまった。 — 大口《おおぐち》を たたく

⑤ 悪《わる》いことをしたけれどきびしくおこられなかった。 — 大目《おおめ》に 見る

かたい　手《て》も借《か》りたい　たたく　ひねる　見《み》る

100頁

熟語《じゅくご》を使《つか》おう (1)

名前

● 〈例《れい》〉のように次《つぎ》の組《く》み合《あ》わせに合《あ》う熟語《じゅくご》を□から選《えら》んで下《した》の□に書《か》きましょう。

① ㋐ 似《に》た意味《いみ》を表《あらわ》す漢字《かんじ》を組《く》み合《あ》わせたもの
〈例《れい》〉豊富《ほうふ》（豊＝富）
永久　絵画

㋑ 意味《いみ》が対《つい》になる漢字《かんじ》を組《く》み合《あ》わせたもの
〈例《れい》〉大小《だいしょう》（大↔小）
増減　高低

絵画《かいが》　高低《こうてい》　永久《えいきゅう》　増減《ぞうげん》

② ㋐ 上《うえ》の漢字《かんじ》が下《した》の漢字《かんじ》の意味《いみ》をくわしくするもの
〈例《れい》〉耕具《こうぐ》（耕《たがや》すための↓道具《どうぐ》）
強風　温水

㋑ 下《した》の漢字《かんじ》から上《うえ》の漢字《かんじ》に帰《かえ》って読《よ》むと意味《いみ》がよくわかるもの
〈例《れい》〉（読《よ》む↑本《ほん》）
乗車　登山

㋒ 下《した》の言葉《ことば》の意味《いみ》を打《う》ち消《け》す漢字《かんじ》が上《うえ》につくもの
〈例《れい》〉無休《むきゅう》（無《な》い↑休《やす》みが）
不正　未着

未着《みちゃく》　強風《きょうふう》　温水《おんすい》　不正《ふせい》　登山《とざん》　乗車《じょうしゃ》

101頁

熟語《じゅくご》を使《つか》おう (2)

名前

(1) 次《つぎ》の意味《いみ》を表《あらわ》す熟語《じゅくご》を□に書《か》き、（ ）に読《よ》みがなを書《か》きましょう。

① 深《ふか》い海《うみ》 → 深海（しんかい）
② 円《まる》い形《かたち》 → 円形（えんけい）
③ 鉄《てつ》の板《いた》 → 鉄板（てっぱん）
④ 大《おお》きな木《き》 → 大木（たいぼく）

(2) 次《つぎ》の熟語《じゅくご》の意味《いみ》を表《あらわ》すもとの言葉《ことば》を□に書《か》きましょう。（ ）に読《よ》みがなを書《か》きましょう。

① 新年（しんねん） ← 新しい年
② 冷水（れいすい） ← 冷たい水
③ 親友（しんゆう） ← 親しい友
④ 海底（かいてい） ← 海の底

解答例

本書の解答は，あくまでもひとつの例です。児童に取り組ませる前に，必ず指導される方が問題を解いてください。指導される方の作られた解答をもとに，児童の多様な考えに寄り添って○つけをお願いします。

102頁

熟語《じゅくご》を使《つか》おう　(3)

名前

(1) 次《つぎ》の意味《いみ》を表《あらわ》す熟語《じゅくご》を□に書《か》き、（　）に読《よ》みがなを書《か》きましょう。

① 火《ひ》を消《け》す → 消化（しょうか）

② お金《かね》を送《おく》る → 送金（そうきん）

③ 馬《うま》に乗《の》る → 乗馬（じょうば）

④ 席《せき》に着《つ》く → 着席（ちゃくせき）

(2) 次《つぎ》の熟語《じゅくご》の意味《いみ》を表《あらわ》すもとの言葉《ことば》を□に書《か》きましょう。（　）に読《よ》みがなを書《か》きましょう。

① 加熱（かねつ） ← 熱を加える

② 開会（かいかい） ← 会を開く

③ 植樹（しょくじゅ） ← 樹を植える

④ 増税（ぞうぜい） ← 税を増やす

103頁

熟語《じゅくご》を使《つか》おう　(4)

名前

(1) 似《に》た意味《いみ》の漢字《かんじ》を□から選《えら》んで熟語《じゅくご》を作《つく》り□に書《か》きましょう。

岩石　衣服

進行　道路

※順不同

岩	道
衣	石
行	進
服	路

(2) 意味《いみ》が対《つい》になる漢字《かんじ》を組《く》み合《あ》わせた熟語《じゅくご》になるように□から漢字《かんじ》を選《えら》んで□に書《か》きましょう。

明暗　強弱

遠近　多少

※順不同

明	多
強	暗
遠	少
弱	近

(3) 次《つぎ》の漢字《かんじ》を打《う》ち消《け》す意味《いみ》になるように「不」「無」「未」からあてはまる漢字《かんじ》を選《えら》び、上《うえ》の□に書《か》いて熟語《じゅくご》を作《つく》りましょう。

① 無色　② 不安　③ 無事

④ 無料　⑤ 未完

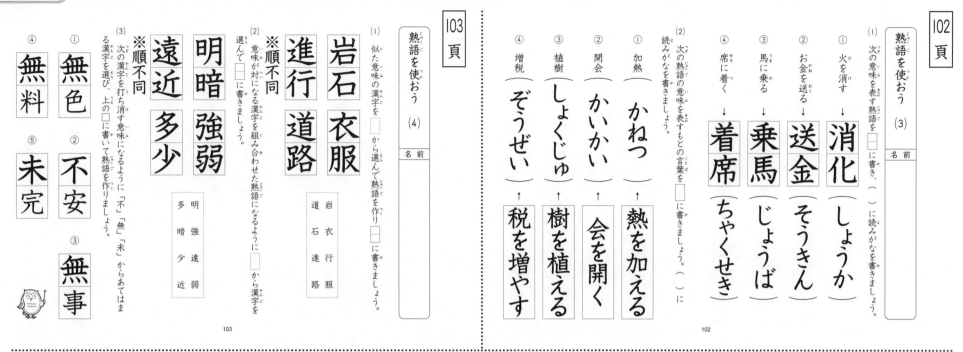

喜楽研の支援教育シリーズ
もっと　ゆっくり　ていねいに学べる　　個別指導に最適

読解ワーク 基礎編 5-②

光村図書・東京書籍・教育出版の
教科書教材などより抜粋

2023 年 3 月 1 日

執筆協力者：羽田　純一
イ ラ ス ト：山口　亜耶　他
表紙イラスト：山口　亜耶
表紙デザイン：エガオデザイン
企 画 ・ 編 著：原田　善造・あおい　えむ・今井　はじめ・さくら　りこ
中　あみ・中　えみ・中田　こういち・なむら　じゅん
はせ　みう・ほしの　ひかり・堀越　じゅん・みやま　りょう（他４名）
編 集 担 当：堀江　優子

発　行　者：岸本　なおこ
発　行　所：喜楽研（わかる喜び学ぶ楽しさを創造する教育研究所：略称）
〒604-0827　京都府京都市中京区高倉通二条下ル瓦町 543-1
TEL 075-213-7701　　FAX 075-213-7706　　HP https://www.kirakuken.co.jp
印　　　刷：株式会社米谷

ISBN : 978-4-86277-418-7

Printed in Japan